Mehr als du sehen kannst

Einstieg ins Christsein

Mehr als du sehen kannst

Einstieg ins Christsein

Steve Chalke

Stephanus Edition

Titel der englischen Ausgabe:
More than meets the eye - A plain guide to christianity
bei Hodder & Stoughton, 338 Euston Road, London NW1 3BH

ISBN 3-922816-66-5

1. Auflage 1996

Übersetzung: Heinz-Martin Adler
Titel: Buttgereit & Heidenreich
Kommunikationsdesign, Haltern
Druck: Ebner Ulm

Hergestellt für
Stephanus Edition Verlags GmbH
D-88690 Uhldingen/Bodensee

Inhaltsverzeichnis

Teil drei: Das Leben und Sterben des Jesus Christus

Teil vier: Die Wahl

Wie geht's weiter?

Einführung

Langweilig, kannst du vergessen oder ein guter Stoff für Witze – was bedeutet dir der christliche Glaube? Tausende von Menschen schreiben ihn einfach ab als Überbleibsel der Vergangenheit oder als bequeme Krücke für die, die emotional nicht gut drauf sind oder denen es an Intelligenz fehlt. Doch haben sie wirklich recht? Ich meine nicht. Je länger desto mehr bin ich davon überzeugt, daß das, was Jesus lehrte, Sinn macht. Und daß Christsein heute ebenso aufregend, bedeutsam und praxisbezogen ist wie es schon immer war. Darum schreib' das Thema nicht zu schnell ab – daran ist mehr als du auf Anhieb sehen kannst.

Was für den christlichen Glauben gilt, gilt auch für dieses Buch. Ich hätte es nicht schreiben können ohne die Mithilfe meiner Frau Cornelia und aller meiner Freunde und Kollegen vom Oasis Trust. Hervorheben möchte ich: Simon Parish, Charlotte Mungeam, Lyn Ransom und Paul Hansford. Sie alle haben mit mir viele Stunden investiert, um ein Buch zu schaffen, das dich informiert und dir gleichzeitig Spaß macht.

Steve Chalke

Teil Eins

Es muß mehr geben

1

Weck mich, wenn's vorbei ist

Wohin ich auch gehe, überall sagen mir die Leute das gleiche: Kirche bringt mir nichts. Ich muß zugeben, teilweise stimmt's. Als Pfarrer besuche ich eine Menge Kirchen und viele von ihnen sind äußerst stumpfsinnig. Viele Gottesdienste sind so langweilig, daß vermutlich auch Gott darüber einschläft. Einer Predigt zuzuhören kann etwa so interessant sein wie nasser Farbe beim Trocknen zuzuschauen. Einmal kam ich an einer Kirche vorbei, die draußen ein Hinweisschild mit folgender Botschaft hatte: „Warum mit deiner Depression allein bleiben? Komm zur Kirche!"

Für Hochzeiten und eine Beerdigung

Jeder von uns hat ein Bild im Kopf, wie Kirche ist. Wir begegnen ihr im Fernsehen und bei Hochzeiten. Da singt ein Pfarrer von gestern in fließenden kirchlichen Gewändern Lieder, die besser gleich mit ihren Komponisten gestorben wären. Oder er steht hinter einem großen Pult vor der Gemeinde; in seinem schwarzen Gewand sieht er genauso aus wie Darth Vader.

Irgendwo habe ich die Geschichte aufgeschnappt vom ersten öffentlichen Auftreten eines britischen Botschafters in Österreich. Überwältigt von den Gefühlen, die das bei ihm auslöste, wandte er sich bei einem großen Bankett an die Dame neben ihm und bat sie, mit ihm zu tanzen. Sie war über und über mit Juwelen bedeckt und trug ein schönes rotes Kleid. Sie lehnte rundweg ab. „Erstens," sagte sie, „ist dies ein Bankett und kein Ball. Zweitens spielt das Orchester die österreichische Nationalhymne. Und drittens bin ich der Erzbischof von Wien."

Kopfkissen raus!

Jeder weiß, daß Predigten normalerweise eine Gelegenheit sind, verlorenen Schlaf nachzuholen. Als ich jünger war, passierte es mir oft, daß mich bei Predigten Langeweile und Schlaf einholten. Was ich sah, verdoppelte sich. Zu meinem Schrecken waren da plötzlich zwei Pastoren, die vor der Gemeinde fröhlich vor sich hinredeten! Als Ausweg zählte ich die Bretter der Holzdecke der Kirche, die Orgelpfeifen, die Seiten im Liederbuch: alles nur, um mir die Zeit zu vertreiben.

Eine kürzliche Meinungsumfrage brachte es an den Tag: wenn man alle, die bei Predigten einschlafen, Rücken an Rücken auf die Erde setzen würde, wäre das für die Beteiligten viel bequemer als in den steifen Kirchenbänken sitzen zu müssen ...

Manchmal hat man sogar den Eindruck, daß auch der Prediger beim Reden beinahe einschläft! Inzwischen gibt es sogar ein Buch, das denen hilft, die trotz langweiliger Predigt nicht schlafen können: *101 Dinge, die man während einer langweiligen Predigt tun kann!*

Ein junger Priester, gerade aus der „Predigerfabrik" entsprungen, predigte zum ersten Mal vor seiner neuen Gemeinde. Er war so nervös, daß er sogar beim Vorlesen seiner sorgfältig vorbereiteten Predigt zitterte. Am Ende des Gottesdienstes kam ein alter Mann auf ihn zu und bot ihm ein wenig „konstruktive Kritik" an: „Drei Dinge stimmten an ihrer Predigt nicht, junger Mann," sagte er, „Erstens, sie haben sie *vorgelesen.* Zweitens, sie haben sie *schlecht* vorgelesen. Und drittens, sie war es nicht wert, *überhaupt* vorgelesen zu werden!"

Nichts, wofür es sich lohnt, zu singen und zu tanzen!

In dem Film *Sister Act* versteckt sich eine von Whoopi Goldberg gespielte Nachtclubsängerin in einem Kloster. Von dem Leben dort total gelangweilt, bekommt sie die Aufgabe, den Chor wieder in Schwung zu bringen. Er braucht es. Die Nonnen singen etwa so gut wie die deutsche Fußball-Nationalmannschaft. Die Musik, die sie aussucht, erweckt die Nonnen wieder zum Leben und bringt die Leute in den Gottesdienst. Aber, so beklagt sich die Mutter Oberin, sie paßt absolut nicht in die Kirche.

„Dies ist kein Theater oder Kasino!"

„Ja, aber genau das ist Ihr Problem, sehen Sie," antwortet Whoopie Goldberg. „Die Leute gehen gern in Theater oder Kasinos, in die Kirche dagegen höchst ungern. Warum? Weil es dort so lahm ist!"

Machen wir uns nichts vor. Wenn die Kirche wie eine Musical Show wäre, würde sie nach einer Woche geschlossen. Die Kritiker würden sie killen, die Sponsoren würden ihre Zahlungen einstellen. Und doch sind in den vergangenen 2.000 Jahren immer wieder Menschen zur Kirche gegangen. Warum? Wenn sie wirklich so langweilig ist, wie man sagt, warum *gehen* Menschen Woche für Woche – manchmal ihr ganzes Leben lang – wieder hin? Kennen sie nichts Besseres? Sind sie ganz einfach festgefahren? Brauchen Sie mehr menschlichen Kontakt als sie auf der Post oder in der Schlange vor der Kasse eines Supermarktes bekommen? Ist es möglich, daß sie 300 Jahre alte Lieder tatsächlich *gern* singen?

Oder wissen sie vielleicht etwas, das wir anderen noch nicht wissen?

Nicht was du tust, zählt, sondern wie du es tust

Die Wahrheit ist, daß zwar einige Kirchen so stereotyp sind wie wir sie eben karikiert haben, daß es aber auch eine Menge anderer gibt, die anders sind. Eine Gemeinde ist immer so langweilig oder so aufregend wie die Leute, die in ihr sind.

Einer meiner Lieblingswitze ist: Ein junger Mann wird von seiner Mutter an einem Sonntag morgen sehr plötzlich geweckt.

„Steh auf," sagt sie, „Du mußt in den Gottesdienst!"

„Ich gehe nicht," antwortet der Sohn. „Ich will nicht!"

„Du mußt gehen," sagt die Mutter streng.

„Warum?"

„Zwei Gründe: Erstens, weil es Sonntag ist und wir sonntags immer zur Kirche gehen. Zweitens, weil du der Pastor bist!"

An der Kirche und am christlichen Glauben ist in der Tat mehr dran als du an einem Sonntag morgen oder durch einen Fernsehgottesdienst erleben kannst: viel mehr als du auf Anhieb sehen kannst.

2

Große Katzen und leckere Snacks

ABER WAS? Schließlich ist der christliche Glaube ein uriges Anhängsel aus einer längst vergangenen Zeit. Wie viele Kirchengebäude scheinen aus der viktorianischen Zeit zu stammen. Wenn wir ehrlich sind, halten die meisten von uns Christen für einen Haufen harmloser Typen in Anoraks, die am Bahndamm sitzen und die Züge der Zeit an sich vorbeisausen lassen. Oder schlimmer: wir vermuten, daß sie nicht ganz klar im Kopf sind. Ihr Glaube ist wie eine Schutzwand vor der harten Wirklichkeit des Lebens. In unserem Kopf stellen wir sie den Tieren gleich, die mit Noah die Flut überlebten. Mit einem Unterschied: es gibt keine Flut.

Kein Thema

Die meisten Leute sind gar nicht gegen den christlichen Glauben; darum geht es auch gar nicht. Nur wenige von uns würden gern alle Christen den Löwen vorwerfen, wie es der römische Herrscher Nero tat. Das ist nicht das Thema. Vielmehr fällt es uns heute schwer zu verstehen, *warum* Nero eine so uninteressante Gruppe wie die der Christen als Appetithappen für seine Lieblingstiere verwandte.

Die meisten Menschen halten den christlichen Glauben auch nicht für schlecht. Sie meinen nur, daß er wenig oder nichts mit dem wirklichen Leben zu tun hat. Er ist nicht mehr als eine Krücke für die, die eine geistige oder gefühlsmäßige Stütze brauchen, um durchs Leben zu kommen.

Und trotzdem *warf* Nero die Christen den wilden Tieren vor. Auf seinen Befehl hin wurde ihnen bei lebendigem Leibe die Haut abgezogen, wurden sie gekreuzigt, verbannt, enthauptet, aufgespießt, zerhackt, zur Zwangsarbeit in die Minen geschickt, gefoltert, wurden ihnen die Glieder einzeln ausgerissen und sie einer ganzen Reihe weiterer grausamer Todesarten ausgesetzt. All das geschah zur öffentlichen Unterhaltung gegen die Bezahlung von Eintritt.

Niemals langweilig

Das Erstaunliche daran ist, daß die Christen nie einen Hehl aus ihrem „subversiven“ Glauben machten. Sie erzählten sogar von sich aus anderen Menschen, was sie glaubten, auch wenn es den sicheren Tod bedeutete. Außerdem erwarteten sie oft, daß die Menschen, denen sie von ihrem Glauben erzählten, selbst Christen würden; und das, obwohl den Neubekehrten klar war, daß sie dadurch als Grillfleisch enden würden.

Christsein in den frühen Tagen der Kirche war alles andere als langweilig. Damals konnte es beschrieben werden als

„aufregend, herausfordernd und kurz!" Entweder waren die ersten Christen in der Tat stockdumm oder aber der christliche Glaube bot ihnen etwas so Wertvolles, daß Tausende und Abertausende bereit waren, für ihn zu sterben. Schließlich hörten Christenverfolgungen mit Nero nicht auf; immer wieder waren sie in den darauf folgenden 250 Jahren an der Tagesordnung.

In den ersten Jahrhunderten nach der Geburt Christi war den Christen ihr Glaube so lebenswichtig, daß sie bereit waren, dafür zu sterben. Eine ganze Menge Leute, die keine Christen waren, waren bereit, Christen um ihres Glaubens willen zu töten. Es gab Herrscher, die fanatisch die Ausrottung der Christenheit betrieben. Sie bezeichneten die Christen als „Atheisten", weil sie den Kaiser nicht als Gott verehrten. So sehr fürchteten sie, daß diese „Atheisten" das Reich destabilisieren könnten, daß sie sie reihenweise aufhängten.

Lobe Gott und gib die Munition weiter

Das klingt nicht nach der Kirche, die wir kennen. Kannst du dir vorstellen, daß irgend jemand die Christen als Bedrohung des Friedens und der inneren Sicherheit sieht? Das *Wort zum Sonntag* ist wohl kaum als Aufruf zur Revolution zu verstehen. Die Hauptsache-ich-bin-erlöst-Brigade hat wohl nicht das Zeug, die Welt zu übernehmen. In Wirklichkeit wirkt der christliche Glaube so aufregend wie ein heißer Becher Schokolade! Irgendwann zwischen damals und heute muß jemand den Stecker aus der Leitung gezogen haben. Es muß zwei Arten von Christentum gegeben haben; uns ist die langweilige Variante geblieben!

Einmal war ich unterwegs zwischen Croydon und Hendon, um für die BBC zu filmen. Ein Wagen holte mich bei mir zu Hause für die Zweistundenfahrt durch dichten Verkehr ab. Zwischen dem Fahrer und mir entstand ein Gespräch. Er war Ex-Fußballer und Cricketspieler und in seinen späten 50er Jahren. Wir verstanden uns prächtig bis zu dem Zeitpunkt, als wir an meinem Ziel ankamen. Als ich ausstieg, fragte er: „Was für ein Programm machen Sie überhaupt?"

„*Lieder des Lobpreises*" erwiderte ich ihm.

„Oh, Gott!" rief er instinktiv. „Nicht Sie! Danach sehen Sie gar nicht aus!" Mit drei kleinen Worten hatte ich in seinen Augen meine ganze Glaubwürdigkeit verloren.

Vielleicht haben sich die Zeiten geändert. Jenes war damals und jetzt ist jetzt. Christsein war aufregend und alltagsbezogen in jenen alten Tagen, doch heute sieht alles ganz anders aus.

Das Abenteuer geht weiter

Noch immer sterben Christen in vielen Teilen der Erde für ihren Glauben. In der alten Sowjetunion, in China, in Lateinamerika und in Teilen von Afrika und dem Mittleren Osten werden Christen getötet, nur weil sie es wagen, für das einzustehen, was sie glauben.

Das ist seltsam. Denn, machen wir uns nichts vor, niemand macht sich die Mühe, Leute umzubringen, die unerhebliche und altmodische Glaubensanschauungen vertreten. Wir lachen die aus, die die Sonne noch immer als Gott verehren. Wir bedauern die, die meinen, der Mond sei im Nachthimmel aufgehängt.

Wir ignorieren die, die voraussagen, daß Flugzeuge sich unmöglich in der Luft halten können.

Wir bringen keine Leute um, die alle Platten eines Uraltstars haben; wir meinen, das sei für die Betroffenen schon Strafe genug. Wir machen Witze über sie. Wir finden sie lustig. Oder traurig. Aber wir führen sie *nicht* vor, um sie zu erschießen.

Also muß es am christlichen Glauben mehr geben als die unerhebliche und veraltete Religion, als die wir ihn einstufen. Hier muß mehr sein, als man auf Anhieb sehen kann.

3

Erfahrener Gott sucht Anstellung

NATÜRLICH gibt es Leute, die einen Glauben an Gott oder an die Existenz Gottes als zutiefst irrational bezeichnen. „Was du siehst ist was du bekommst," argumentieren sie, „und *mehr gibt es nicht!* Die Wissenschaft hat die Religion als nicht haltbar bewiesen."

In den alten Zeiten, sagen sie, glaubten Menschen an Magie und Hexerei. Sie glaubten an Wunder und an das Übernatürliche. So meinten Menschen eine Zeit lang, die Vögel könnten nur fliegen, weil Gott sie am Himmel festhielte. Sie meinten, Äpfel fielen nur von den Bäumen, wenn Gott sie dorthin warf. Es gab einfach keine anderen Erklärungsmodelle. Doch heute verstehen wir, daß das alles mehr mit Luftfahrt und Schwerkraft zu tun hat als mit Gott. Wir brauchen Gott nicht mehr: er ist überflüssig geworden.

Ein Lückenbüßer-Gott

Der sowjetische Kosmonaut Yuri Gagarin war 1961 der erste Mensch im All. Frei übersetzt lautete seine Botschaft: „Gott ist nicht in!“ Gott, sagen wir uns selbst, war eine gute Idee für die Primitiven. Er war eine bequeme Theorie, die Dinge zu erklären, die wir nicht verstanden. Doch jetzt brauchen wir ihn nicht mehr.

Doch ist ein Glaube an Gott wirklich so irrational? Wenn die Wissenschaft wirklich den christlichen Glauben ersetzt hat, warum sind dann so viele Wissenschaftler Christen? Man hat uns doch gesagt, einen weißen Kittel anzuziehen und in einem Laboratorium zu arbeiten, werde uns ganz schnell jeden Glauben an etwas Übernatürliches nehmen.

In Wahrheit sind viele Wissenschaftler so verblüfft über die Komplexität des Universums, daß sie auf der Suche nach seinem Architekten sind. Das ist keine auf Christen begrenzte Einstellung. Sie finden die Idee, das Universum sei zufällig entstanden, ebenso überzeugend wie die Idee, daß eine Explosion auf einer Schrotthalde in der Lage sei, ein perfekt funktionierendes Modell eines Rolls Royce Silver Shadow mit gefülltem Benzintank und einem in der Zündung steckenden Schlüssel hervorzubringen.

Alles, was du je über ... wissen wolltest

Vor ein paar Jahren besuchte ich mit meiner Frau in der National Gallery eine Ausstellung der Werke des Malers Renoir. Da gab es auch ein großes Display über sein berühmtes Gemälde der „Regenschirme". Experten hatten es geröntgt, um genau herauszufinden, wie er es gemalt hatte. Sie entdeckten, daß Renoir entweder mitten in der Arbeit die Konzeption geändert oder einen Fehler gemacht habe. So hatte z.B. die Frau in der Ecke des Bildes ihr Leben als Mann begonnen. Ich verließ die Ausstellung mit dem Gefühl, jetzt alles darüber zu wissen, wie Renoir die „Regenschirme" gemalt hatte. Aber das Wissen, *wie* die „Regenschirme" gemalt worden waren, ließ mich nicht mein Interesse an dem verlieren, der sie gemalt hatte. Mein Interesse an Renoir wuchs: ich wollte mehr über ihn wissen als je zuvor.

So geht es auch mit Gott. Die Wissenschaft kann uns sagen, wie die Welt geschaffen wurde; doch sie gibt keine Auskunft darüber, wer oder was dafür verantwortlich ist. Dies sind zwei völlig verschiedene Fragestellungen, die beide gleich wichtig sind.

Wenn Spitzenwissenschaftler über das Wesen des Universums spekulieren können und trotzdem der Bibel glauben, dann muß der christliche Glaube mehr sein als eine irrationale Krücke, die es den Unwissenden ermöglicht, durch den Tag zu kommen. Es muß mehr geben als man auf Anhieb sehen kann.

4

Wenn es dir ein gutes Gefühl gibt ...

WENN du an den christlichen Glauben denkst, woran denkst du dann?

Nun, die meisten Menschen denken an eine lange Liste von *Geboten* und *Verboten*, wobei die *Verbote* überwiegen. Du sollst nichts tun, was Spaß macht. Niemals. Amen. Es stimmt, die Aussage „Du sollst nicht ..." ist eine der bekanntesten Sätze der Bibel.

Die meisten von uns scheinen zu meinen, daß der christliche Glaube uns einengt. Er ist *out*.

Macht es Spaß? Dann hör' auf damit!

Nimm zum Beispiel Sex. Ein Freund von mir erinnert sich an den folgenden Rat, den er als Jugendlicher von seinem Pastor erhielt: „Sex ist schmutzig, entwürdigend und abstoßend. Darum warte, bis du es mit deiner Frau tun kannst!"

Wir halten Gott oft für einen griesgrämigen alten Kauz, der

keinen Sinn für Humor hat. Er scheint nichts Besseres zu tun zu haben, als vom Himmel herabzuschauen und alles aufzulisten, was wir gern tun, um es dann zu verbieten. Darum entscheiden wir uns für einen praktischeren Zugang zum Leben: „Wenn es dir ein gutes Gefühl gibt, tu es!“ Das ist das Leitmotiv unserer Tage geworden. „Was für dich richtig ist, ist für dich richtig,“ argumentieren wir, „doch für mich muß es deswegen noch lange nicht richtig sein. Außerdem würde ich Dir nie meine Standards auferlegen, darum laß du mich auch in Frieden.“

Toleranz und Freiheit heißen die Losungsworte unserer Generation. Tu was du willst, solange du niemand anders verletzt und solange du es für richtig hältst.

Warum solltest du alles unwidersprochen annehmen, was die Bibel über Moral sagt? Sei offen. Mixe deinen eigenen Cocktail. Es ist sinnvoller, dir deine eigene Moral zuzulegen, als sie dir aufzwingen zu lassen.

Bumerang!

Doch inzwischen gibt es Hinweise dafür, daß wir den Preis für eine solche Einstellung auch selber zahlen müssen. Fast jeder scheint sich an der Diskussion zu beteiligen, was mit unserer Gesellschaft nicht in Ordnung ist. Wir beklagen das moralische Vakuum, in das wir hineingezogen werden; wir rufen nach einer deutlicheren Unterscheidung von Gut und Böse. Unsere Politiker plädieren für eine Rückkehr zu den traditionellen Werten der Familie, die sie selber nicht mehr genau beschreiben können: „Zurück zu den Anfängen.“ So fordern wir ihren Rücktritt, wenn sie kleine „Indiskretionen“ begangen haben.

„Wenn es dir ein gutes Gefühl gibt, tu es!“ hat sich als katastrophale Leitlinie herausgestellt. Vielleicht ist doch mehr dran an der christlichen Moral als man auf Anhieb sehen kann.

5

„Ich hab' immer noch nicht gefunden, wonach ich suche"

MENSCHEN halten die Kirche für langweilig, irrational und einen massiven Freudenkiller; und trotzdem werden jeden Tag Tausende und Abertausende rund um den Globus Christen.

Die Idee von einer sterbenden Kirche ist falsch – in Wirklichkeit wächst sie schneller als je zuvor. Wenn wir die Welt als Ganzes betrachten, treffen schier unglaubliche 100.000 Menschen *täglich* die Entscheidung, Christ zu werden und sich einer Kirche anzuschließen. Aber nicht nur die Kirche wächst. Seit den späten 60er Jahren, speziell in den vergangenen Jahren, haben wir eine „geistliche Erweckung" erlebt. Menschen unterschiedlichster Herkunft wird bewußt, daß sie mehr sind als nur Fleisch und Knochen. Es muß so etwas wie eine Seele oder einen Geist geben, die uns zu dem machen, was wir sind.

Was in aller Welt könnte 100.000 Menschen täglich dazu bewegen, ihr Leben auf den Kopf zu stellen und, oft mit erheblichem Verzicht verbunden, Christen zu werden?

Gott ist tot, und ich fühle mich auch nicht besonders gut

Es ist uns bewußt geworden, daß alle unsere Wissenschaften nicht das Paradies produziert haben, das wir wollen. Bono von der Band U2 hat es gesungen: „Ich hab' immer noch nicht gefunden, wonach ich suche." Man hat uns einen alten Gaul verkauft. Wir haben ein Heilmittel gegen Haarausfall gekauft und festgestellt, daß der Verkäufer selbst eine Glatze hat.

Tatsächlich hat die Technologie, von der wir Antwort auf dringend anstehende Fragen erwarteten, unsere Probleme nur vergrößert. Es scheint so, daß die Welt allmählich wach wird für die Erkenntnis, daß die Wissenschaft nicht unser Retter sein kann. Die Idee, daß Gott tot ist, hat sich selbst als todkrank herausgestellt.

Das zeigt sich in der steigenden Popularität von Horoskopen, östlichem Mystizismus, Tarot Karten, Kristallen, Handlesen, Meditationstechniken und der Beliebtheit der gesamten New Age-Bewegung. Es sind eben nicht nur ein paar Verrückte und Hippies, die diese Philosophie ernst nehmen; vielmehr engagieren sich hier Bankmanager und Hausfrauen, Lehrer, Rechtsanwälte, Sportler, Buchhalter und Bauunternehmer. Dein Nachbar könnte darunter sein; vielleicht sogar du selbst. Es sind Menschen aus allen Lebensbereichen.

Mehr als man auf Anhieb sehen kann

Uns scheint bewußt zu werden, was Martin Luther King so formulierte: „Die großen Dinge des Universums sind für das Auge unsichtbar." Instinktiv ahnen wir, daß zum Leben mehr gehört als man uns gesagt hat. Es gibt einen neuen und echten Hunger nach geistlichen Dingen; wir wissen nicht mehr, was denn nun wahr ist und was nicht.

Die Leute sagen: „Jeder Glaube ist richtig, solange du *aufrichtig* bist und niemandem weh tust." Das ist das moderne Ethos. Danach sind alle Religionen grundsätzlich gleichwertig: sie haben nur verschiedene Namen.

„In diesem Moment schien es eine gute Idee zu sein"

Stimmt das wirklich? Schließlich kann ich *guten Glaubens* am Morgen mit Arsen gurgeln, weil das meiner Gesundheit gut tun soll, und trotzdem innerhalb eines Monats daran sterben.

Als ich etwa 20 war, gehörte ich zu einer obskuren Rockband, die inzwischen eingegangen ist. Einmal waren wir zu einem Auftritt unterwegs von London nach Uckfield. Als alles gelaufen war, setzten uns die Veranstalter in den letzten Zug. Wir alle waren der Meinung, er gehe nach London ... bis wir feststellten, daß der Zug in Eastbourne einlief. Wir mußten die ganze Nacht bis 6.00 Uhr früh frierend auf dem Bahnsteig verbringen.

Es ist wichtig, aufrichtig zu sein, doch du kannst aufrichtig sein und falsch liegen oder aufrichtig sein und richtig liegen.

Die wichtige Frage lautet: Ist das, was ich glaube, wahr?

Die meisten Menschen stimmen darin überein, daß mehr zum Leben gehört, als man auf Anhieb sehen kann.

Teil 2

Fangen wir am Anfang an

6

Die Decke der Sixtinischen Kapelle

ICH DENKE an die Geschichte VON DEM KLEINEN Mädchen, das seine Mutter fragte: „Mutti, ist Gott überall?"

„Ja, Liebes," antwortete die Mutter.

„Ist Gott jetzt auch bei uns in der Küche, Mutti?"

„Ja, Liebling, Gott ist jetzt hier."

„Mutti, wenn Gott mit uns in diesem Raum ist, ist er dann auf dem Tisch?"

„Ja, Liebling," sagte die Mutter etwas zögernd.

„Wenn Gott auf dem Tisch ist, ist er dann im Glas, Mutti?"

„Ja, das nehme ich an, Kleines. Gott ist überall, also muß er auch im Glas sein."

„Jetzt hab' ich ihn!" rief das kleine Mädchen und stülpte das Glas geschickt um, als wolle sie eine Fliege fangen.

Gott ist vermutlich nicht so, wie du ihn dir vorstellst. Er ist kein großer alter Mann in den Wolken, wie ihn Michelangelo im Deckengemälde der berühmten Sixtinischen Kapelle dargestellt hat.

„Die Kraft sei mit dir"

Als Mose Gott um eine Beschreibung seiner selbst bat, gab Gott ihm eine seltsame Antwort. Er sagte: „Ich bin." Gott hat schon immer existiert, ist überall, weiß alles und kann alles tun.

Nun gibt es Dinge in der Welt, die leichter zu verstehen sind. Wir alle möchten Gott irgendwie festnageln, ihn als dies oder das definieren. Aber wenn Gott schlichtweg *ist*, dann verbietet sich solches Schubladendenken.

Gott ist kein alter Mann, aber auch nicht eine unpersönliche Kraft. Manchmal stellen wir Gott dar als eine Art kosmischer Kraftquelle, die wir – wie Luke Skywalker in den *Starwars* – jederzeit anzapfen können. Wir tun so, als ob wir nur sagen müßten: „Die Kraft sei mit dir!" und ab geht die Post. Wir klinken uns so einfach ein wie ins Internet.

Aus den Augen, aus dem Sinn

Der Film *Pascalis Insel* schildert einen Regierungsspion in der Türkei der Jahrhundertwende. In einer unruhigen Zeit voller Schwierigkeiten angeheuert, schreibt Basil Pascali noch zwanzig Jahre später seine regelmäßigen Berichte an seine Auftraggeber. Er hört nie von ihnen, fragt sich aber auch nicht, warum das so ist. Er weiß nicht, daß seine Briefe in all den Jahren nie gelesen wurden. Keiner in der Regierungsmaschinerie weiß von seiner Existenz. Er bekommt seinen monatlichen Scheck nur deswegen, weil niemand je daran gedacht hat, die Zahlung einzustellen. Doch aufgrund seiner Hingabe und

Treue bleibt Pascali Spion für seinen in weiter Ferne sitzenden Monarchen.

Weil wir Gott nicht sehen können – und nur wenige von uns hören Stimmen – können wir versucht sein, von Gott so zu denken wie von dem Auftraggeber Pascalis: unbekannt, ungesehen, unendlich weit weg.

Tatsächlich aber ist die ganze Bibel Gottes Handbuch für uns Menschen. Sie ist die Geschichte von Menschen, die eine enge Beziehung zu Gott unterhielten. Oft wird er bezeichnet als der Gott Abrahams, Isaaks und Jakobs. Er ist auch der Gott Josefs, der durch seinen tollen bunten Mantel in erhebliche Schwierigkeiten kam.

Gott hat ein beständiges persönliches Interesse an Menschen.

7

In Gottes Küche

DER ANFANG ist der ideale Ausgangspunkt für unsere Überlegungen: der Uranfang.

Am Anfang schuf Gott die Welt. Die Wahrheit ist, daß niemand genau weiß, wie die Welt begann oder wann. Die meisten Wissenschaftler unserer Tage sprechen von der „Urknall-Theorie“, nach der das Universum geschaffen wurde, als ein einziges gigantisches Photon von Licht am Anfang der Zeit explodierte.

Das Ganze ist fürchterlich verwirrend, doch keine der verschiedenen Versionen dieser Theorie gibt Antwort auf die Frage, *warum* das Photon überhaupt explodieren mußte. Das müssen wir glaubensvoll annehmen.

Vor der Urknalltheorie schienen die meisten Wissenschaftler und Gelehrten anzunehmen, daß Gott die Welt geschaffen habe. Sie waren nur verschiedener Meinung darüber, wie lange es dauerte.

Nun, ich bin der Onkel eines Affen!

Ein Freund von mir nahm einmal an einer Radiodiskussion teil und verteidigte die Auffassung, daß Gott die Welt geschaffen hat. Sein Gegenspieler war ein Atheist, der sich leidenschaftlich dagegen zur Wehr setzte mit der Begründung, das ergebe doch keinen Sinn.

„Dieser Mann ist ein Christ," sagte er über meinen Freund, „er möchte Sie glauben machen, daß Gott die Welt aus dem Nichts erschaffen hat. Das ist lächerlich."

„Und dieser Mann," erwiderte mein Freund, „ist ein Atheist. Er möchte Sie glauben machen, daß Nichts die Welt aus dem Nichts erschuf, was noch lächerlicher ist."

Im Juni 1860, während der Debatte der British Association, brachte der Oxforder Bischof „Seifen Sam" Wilberforce einen prominenten Biologen und Verfechter der Darwin'schen Evolutionstheorie mit folgender Bemerkung zum Schweigen: „Fragen wir doch einmal Mr Huxley: stammt er großväterlicherseits oder großmütterlicherseits vom Affen ab?" Die Menge jubelte. Doch obwohl er einen Kampf gewonnen hatte, verlor „Seifen Sam" die Schlacht gegen das Denken der Evolution.

Heute glauben viele Menschen an eine Art der Evolution; darunter sind auch viele Christen.

Gottes Chemiekasten

Christen glauben, daß Gott die Welt geschaffen hat. Wie genau das geschah, ist nicht so wichtig. Die Einzelheiten werden wir möglicherweise nie ganz erfahren. Doch wie wir bereits festgestellt haben: Wie? und Warum? sind verschiedene Fragestellungen.

Christen glauben auch, daß Gott wußte, was er tat, als er die Welt schuf. Wie Einstein schon sagte: „Gott würfelt nicht." Er experimentierte nicht mit einem riesigen Chemiekasten und schuf die Dinge sozusagen zufällig. Es war ein geordneter und gewollter Prozeß; alles wurde so, wie er es auch beabsichtigt hatte. Das erste Kapitel der Genesis, des ersten Buches der Bibel, endet mit einem Rückblick Gottes auf alles, was er geschaffen hatte und seinen Worten: „Es ist gut!"

8

Der Sinn des Lebens

LEBEN ist mehr als Existieren: es hat einen Sinn. Die große Frage lautet: Welchen?

Douglas Adams versucht uns in seinem Buch *Hitchhiker's Guide to the Galaxy* davon zu überzeugen, daß es 42 Antworten auf diese Frage gibt. Doch die meisten von uns hoffen auf ein wenig mehr Substanz! Wenn du aber nicht an Gott glaubst, fällt es wirklich schwer, einen Sinn im Leben auszumachen.

Für einige ist es nicht mehr als ein biologischer Unfall. Der für seinen Witz berühmte Mark Twain stellte für ihn untypisch fest: „Menschen werden geboren, arbeiten, schwitzen und mühen sich; sie zanken, schimpfen und kämpfen; die Menschen, die sie lieben, werden ihnen genommen, und die Freude des Lebens wandelt sich in schmerzlichen Kummer. Am Ende kommt die Befreiung, und sie verschwinden aus einer Welt, in der sie keine Spuren hinterlassen ... eine Welt, die sie einen Tag lang betrauert, um sie dann für immer zu vergessen."

Für den Dichter Philip Larkin war das Leben nicht mehr als ein „langsamer Tod." Seine Furcht vor dem Leben und die daraus resultierende Verzweiflung wurden nur durch seine Angst vor dem Tod übertroffen.

Doch wenn du glaubst, daß es Gott gibt, bekommt das Leben allein dadurch eine Bedeutung. Dein Job ist es dann nicht, dem Leben einen eigenen Sinn zu geben, sondern den geschaffenen Sinn zu entdecken und im Einklang damit zu handeln.

Den eigenen Weg finden

Eine Freundin von mir reiste einmal mit der Londoner U-Bahn. Sie amüsierte sich über das Verhalten eines mitreisenden Geschäftsmannes. Dieser Mann verbrachte die ganze Zeit damit, die Übersichtskarte der Underground in seinem Zeitplanbuch zu studieren. Immer wieder verglich er die Namen der Haltestationen mit den Angaben auf seiner Karte. Schließlich begriff meine Freundin, daß dieser Mann sich wirklich nicht auskannte, setzte sich neben ihn und bot ihre Hilfe an. In diesem Augenblick begriff sie erst, warum sich der Mann nicht zurechtfand. Er war ein Deutscher, der kaum Englisch konnte und ein französisches Zeitplanbuch mit einer Karte der Pariser Metro vor sich hatte!

Wenn du nicht die richtige Karte hast, verirrst du dich. Wenn es Gottes Welt ist, in der wir leben, und wenn wir so tun, als sei er nicht hier, wird das Leben nie einen Sinn ergeben.

Wieviele Leute gibt es, die ihr halbes Leben damit verbringen, in die Zukunft zu schauen und sagen: „Warte ab, wenn ich erst mal die Schule hinter mir habe/meinen Führerschein gemacht habe/eine Gehaltserhöhung bekomme/verheiratet bin/einen Ferrari habe – dann werde ich wirklich leben!“ Die zweite Hälfte ihres Lebens verbringen sie dann damit, die Vergangenheit wieder ins Gedächtnis zu rufen und sagen: „Ich denke an die Zeiten zurück, als die Straßen noch sicher waren/das Benzin billiger war/die Leute sich noch ordentlich anzogen/als Musik noch Musik war/als man Politikern noch trauen konnte – das waren noch Zeiten!“

Es scheint so, daß wir unser halbes Leben mit dem beschwerlichen Aufstieg auf einen Berg verbringen, um in der zweiten Hälfte auf der anderen Seite hinabzurollen. Wir überschreiten den Berggipfel und wissen gar nicht, daß wir überhaupt auf dem Berg waren.

9

Die Welt sollte nicht so sein wie sie ist

Gott sagt, so berichtet die Bibel, daß das Leben ein gutes Leben sein soll. Es soll ganzheitlich und erfüllend, schöpferisch und ewig sein. Man muß kein Genie sein, um festzustellen, daß die Wirklicheit ganz anders aussieht.

Ehen zerbrechen und werden Wegwerfartikel wie eine McDonald's-Verpackung. Straßen, in denen früher die Haustüren nicht verschlossen wurden, werden zur Szene des Verbrechens. Die Selbstmordraten steigen, wie auch die Fälle von Vergewaltigung. Die Armen werden ohne Zweifel ärmer und die Reichen reicher. Zu keiner Zeit gibt es weniger als 40 Kriege, die gleichzeitig irgendwo auf der Erde stattfinden. Unersetzliche Regenwälder werden gerodet und jeden Tag sterben drei gefährdete Arten unwiderruflich aus.

Die Welt ist nicht so wie sie sein sollte: das ist offenkundig. Was ist schief gegangen?

Auftritt Adam und Eva, rechte Bühnenseite

Die Bibel sagt, als Gott die Menschen schuf, machte er ihnen das Geschenk der Wahl. In anderen Worten: Er überließ es ihnen, wie ihr Leben und die Welt aussehen sollten.

Er hätte auch eine Welt ohne Wahlmöglichkeit schaffen können: eine Welt, in der jeder und alles sich nach einer vorherigen Programmierung bewegt. Doch das wäre eine Welt der Roboter geworden. Oder der Zombies. Ohne Freiheit – und darum auch ohne wirkliches Leben. Wo bleibt da der Spaß?

Willst du meine Valentine sein?

Jedes Jahr mache ich meiner Frau am Valentinstag ein Geschenk. Jedes Jahr zermartere ich mir den Kopf, um etwas Originelles zu finden, damit es ja auch eine Überraschung wird. Ich schenke ihr nicht etwas, weil ich es *muß*; ich tue es, weil ich es *will*. Ich gehe von der Hoffnung aus, daß sie weiß, daß ich etwas *ausgewählt* habe, um ihr auf diese Weise meine Liebe zu zeigen; das allein macht das Geschenk für sie wertvoll. (Nur darauf kommt es an, denn meistens ist es eher ein armseliges und kleines Geschenk!) Würde ich ihr etwas schenken, weil ich darauf programmiert bin und keine andere Wahl habe, würde es ihr nichts bedeuten.

Jedes Geschenk wird dadurch besonders wertvoll, daß es freiwillig gegeben wird. Der Schenkende ist nicht verpflichtet, es zu kaufen. Es kommt zu keinem Kurzschluß und zu keiner Explosion, wenn das Geschenk ausbleibt.

Im Neuen Testament berichtet uns Johannes, einer der ersten Nachfolger Jesu, daß Gott ein Gott der Liebe ist. Für einen Gott der Liebe ist ein Universum ohne Wahlmöglichkeit undenkbar, denn du kannst jemanden nur aus *freiem Willen* lieben. Darum ist die Freiheit der Entscheidung das größte Geschenk, das wir haben.

Wer hat diese blöde Idee gehabt?

Das Problem bei Entscheidungen ist natürlich, daß man die falschen treffen kann. Genau das haben nach dem Bericht des Buches Genesis Adam und Eva getan. Ihre Entscheidung, Gott zu ignorieren, ist die Mutter aller anderen schlechten Entscheidungen.

Wenn du jemanden liebst, hoffst du auf Gegenliebe. Doch eine Garantie dafür gibt es nicht. Darum sei bereit, daß du von jemandem zurückgewiesen wirst. Liebe ist nie risikolos, weil du den anderen nicht zwingen kannst, dich wiederzulieben, wie tief auch immer deine eigene Liebe ist.

Wir müssen nicht sehr weit schauen, um festzustellen, daß sich seit Adam und Eva nur wenig verändert hat. Noch immer gibt es Menschen, die ihre eigenen Interessen über die der anderen stellen. Noch immer nehmen sich Menschen, was sie wollen – ohne Rücksicht auf die Folgen. Es kann jedem von uns passieren, einige *sehr* schlechte Entscheidungen zu treffen.

10

Was ist aus der Sünde geworden?

KLEINE Fehler können große Folgen haben, wie dieses alte Gedicht illustriert:

Weil ein Nagel fehlte, ging das Hufeisen verloren;
Weil das Hufeisen fehlte, ging das Pferd verloren;
Weil das Pferd fehlte, ging der Reiter verloren;
Weil der Reiter fehlte, ging die Botschaft verloren;
Weil die Botschaft fehlte, wurde eine Schlacht verloren;

Und all das nur, weil ein Nagel fehlte.

Alle Entscheidungen ziehen Folgen nach sich. Gute Entscheidungen haben gute Folgen, schlechte Entscheidungen haben schlechte Folgen.

Weil Gott uns liebt, hat er uns ein paar gute Ratschläge gegeben, damit wir aufgrunddessen entscheiden können. Und er gab uns die Freiheit, jede beliebige Entscheidung zu treffen.

Es ist wie mit dem Geschäftsreisenden und seiner Karte von der Pariser Metro. Wenn er eine Karte der Londoner U-Bahn gehabt hätte, hätte er sich trotzdem noch verfahren können. Eine

Karte zu haben ist hilfreich, stellt jedoch noch nicht sicher, daß wir uns auch daran halten.

Es ist eine Sünde!

Oft haben wir die falsche Vorstellung von Sünde. Manchmal meinen wir, daß etwas, das uns wirklich Spaß macht, automatisch eine Sünde ist. Wir denken an die Werbung „Frische Sahnekuchen – kalorienträchtig ... aber köstlich!" Wir benutzen Redewendungen wie: „Das ist so gut, daß es eine Sünde sein muß!"

An dieser Stelle hilft uns vielleicht eine schnelle Definition weiter. *Etwas ist eine Sünde, weil es zerstörerisch und destruktiv ist – und nicht zerstörerisch und destruktiv, weil es eine Sünde ist.*

Wir alle kennen die Zehn Gebote; zum Beispiel: Du sollst nicht töten, stehlen, ehebrechen, kein falsches Zeugnis ablegen, nicht deines Nachbarn Ochsen begehren etc. Die meisten werden zustimmen, daß dies ein guter Leitfaden für moralische Entscheidungen ist (auch wenn wir den Verdacht haben, daß Gott in Wirklichkeit ein Freudenkiller ist für alles, was uns Spaß macht!) Wie die Karte der Untergrundbahn uns zeigt, wie wir am leichtesten von einem Ort zum gewünschten Ziel kommen, so sind die Zehn Gebote im wesentlichen eine Sache des gesunden Menschenverstandes. Sie zu brechen ist eine schlechte Entscheidung, weil das schlechte Folgen nach sich zieht.

Es ist etwas Persönliches

Jeder kennt vermutlich die *Weihnachtsgeschichte* von Charles Dickens. Scroogies Selbstsucht und Habgier sind für ihn eine Falle und ein Gefängnis. Letztlich kontrolliert er nicht sein Geld, sondern sein Geld kontrolliert ihn. Erst als ihm die Vision seiner eigenen Zukunft gezeigt wird, begreift er, daß er seine Situation durch sein eigenes Verhalten herbeigeführt hat. Er wird frei dadurch, daß er freigiebig wird.

Das Preisschild für Habgier heißt Elend. Ein Freund von mir hat das auf eigene Kosten vor einigen Jahren herausgefunden. Sein gutes Aussehen machte ihn für Frauen attraktiv; obwohl er verheiratet war und zwei Kinder hatte, hatte er eine Reihe von Affären, die mehrere Jahre unentdeckt blieben. Doch unweigerlich kam alles heraus. Er verlor die Liebe seiner Frau und den Respekt seiner Kinder. Jetzt lebt er allein; mehr als alles andere fehlt ihm die Zuneigung der drei Menschen, die ihm in seinem Leben am meisten bedeuten.

Zwei Liebende unter dem Sternenzelt

Sünde hat Folgen. Im Neuen Testament sagt der Apostel Paulus, daß der Lohn, den die Sünde auszahlt, der Tod ist. Das klingt vielleicht etwas melodramatisch, heißt aber nichts anderes als: Sünde zerstört. Und zwar nicht nur die Person, die sündigt; die Bibel merkt an, daß die Folgen der Sünde drei oder vier Generationen andauern können.

In Shakespeare's berühmtem Stück *Romeo und Julia* liebt

Romeo Julia und Julia liebt Romeo. Beide haben nur einen Wunsch, sie wollen heiraten und den Rest ihres Lebens damit verbringen, einander in liebende Augen zu sehen, ab und zu unterbrochen von ein paar interessanten Zungenspielen. Alles *könnte* wunderbar sein, ist es aber nicht. Romeo gehört zur Familie Montague und Julia zur Familie Capulet. Beide Familien sind miteinander verfeindet. Niemand weiß mehr warum; der gegenseitige Haß war scheinbar schon immer da. Als Ergebnis werden Romeo und Julia zerstört durch die Sünden ihrer Eltern. Aufgrund eines schrecklichen Mißverständnisses bringen sich beide um.

Gerade als du dachtest, es sei sicher, wieder ins Wasser zu gehen...

Es ist doch klar: wenn Gott uns geschaffen hat und liebt, weiß er sicher auch, was für uns das Beste ist. Wenn wir uns von Gott und seinem Rat abwenden, dann werden wir und die Menschen in unserer Umgebung die Folgen zu tragen haben.

Male es dir aus: vor dir liegt ein weiter und verlassener Strand, der geradewegs in die tiefe blaue See hineinführt. Es ist warm, der Sand ist weich, die See ist still, und Vögel singen in den Palmen, die sich sanft im Wind wiegen. Es sieht alles zu gut aus, um wahr zu sein. Und so ist es auch. Mitten am Strand steht ein großes Schild: VORSICHT HAIE. SCHWIMMEN VERBOTEN. Wenn ich trotzdem schwimmen gehe und von einem Hai verspeist werde, bin ich selbst dafür verantwortlich, weil ich das Hinweisschild mißachtet habe.

Diese langen und komplizierten Überlegungen darüber, daß die Welt nicht so ist wie sie sein sollte, lassen nur eine Schlußfolgerung zu: Es ist vorwiegend *unser* Fehler.

11

Die Pole schmelzen

DAS ist heute klarer denn je. Wir wissen, daß die Mehrheit der Probleme, denen sich die Menschen auf diesem Planeten gegenübersehen, gelöst werden könnten, wenn wir es ernsthaft angehen wollten.

Doch nicht nur die Menschheit ist durch die menschliche Sünde betroffen. Die augenblickliche ökologische Krise mit ihrer Zerstörung der Wälder und einer abnehmenden äußeren Ozonschicht kann zu globaler Erwärmung führen, die wiederum das delikat ausbalancierte Ökosystem der Erde kippen könnte. Bäume, die hundert oder mehr Jahre gestanden haben, werden gerodet, um Land für Weideflächen zu gewinnen oder für Minen, deren wertvolle Metalle ausgebeutet werden sollen. Die Ozonschicht bekommt Löcher; die Folge ist, daß Asthma mehr und mehr Leuten zu schaffen macht, nur weil wir die Bequemlichkeit der Reise im eigenen PKW über alles stellen.

Sogar sogenannte „natürliche“ Katastrophen wie Erdbeben verursachen ihre großen Zerstörungen nur, weil sie letztlich auf menschliche Sünde oder Nachlässigkeit zurückzuführen sind.

Vergleiche das jüngste Erdbeben in Los Angeles mit denen in Mexico City, Maharashtra (Indien) und Kobe (Japan). Schau genau hin, dann wirst du feststellen, daß Armut und schlecht gebaute Häuser die meisten Leben gekostet haben. Hätte sich Kobe ebenso gut wie Tokyo gegen Erdbeben geschützt, hinsichtlich der Bauweise und der dabei verwendeten Materialien, dann hätten weit weniger als die 5.000 tatsächlich Umgekommenen sterben müssen. Das indische Erdbeben von 1993 forderte die ca. fünffache Menge von Opfern des Kobe-Bebens, obwohl es auf der Richter-Skala einen Punkt unter der Stärke des Kobe-Bebens lag.

Ein Besitzer, keine problematischen Nachbarn

Als ich in Indien war, sah ich die Überreste der 66 Dörfer, die das Erdbeben völlig zerstört hatte. In einem Ort war alles zusammengebrochen bis auf ein einziges Haus, das einem reichen Mann gehörte. Es war das einzige vernünftig gebaute Haus des Dorfes. Alle anderen Häuser waren zusammengebrochen und hatten ihre Bewohner unter sich begraben. Dieses Haus jedoch hatte keinen einzigen Sprung in seinem Verputz. Nichts konnte den großen Unterschied zwischen Reich und Arm deutlicher machen als dies. Trotzdem stand dieses Haus leer. Der reiche Besitzer, in seinem Lebensunterhalt abhängig von den Dorfbewohnern, hatte seine großzügige und moderne Villa verlassen müssen, als die Überlebenden des Dorfes ein paar Meilen weitergezogen waren.

Martin Luther King bemerkte, daß keiner von uns unabhängig ist; wir sind alle *von einander abhängig*. Die Sünden des einen beeinflussen das Leben der anderen. Keiner von uns lebt in einem Vakuum.

Verantwortung abwälzen

Trotzdem tun wir uns schwer, verantwortlich einzustehen für das, was wir getan haben und uns für Fehler tadeln zu lassen. Wenn irgend etwas schief geht, suchen wir meist einen Sündenbock, dem wir alles aufladen können. Wir geben Fehler nur ungern zu. Meine Mutter berichtet mir, daß ich als Junge – wie die meisten Kinder – eine Lügenphase hatte. Immer, wenn ich etwas getan hatte, das ich nicht tun sollte, leugnete ich es, auch wenn sie mich dabei selbst beobachtet hatte. Ich tat es dummerweise sogar, wenn ich wußte, daß sie mich gesehen hatte.

Unsere schlimmsten Fehler machen wir dann, wenn wir andere kleinere Fehler vertuschen wollen. Irgend etwas in uns wehrt sich dagegen zuzugeben, daß wir Unrecht begangen haben. Der Trick ist schon alt. Adam wandte ihn an, indem er Eva verantwortlich machte. Eva wandte ihn an, indem sie die Schlange verantwortlich machte. Und die Schlange – wie es in dem alten Witz heißt – hatte kein Bein, um darauf zu stehen.

„Entschieden wird hier."

In den 80er Jahren gab es in den USA die Iran-Contra Affäre. Die Presse bezeichnete sie als „Irangate". Wie die amerikanische Öffentlichkeit liebte die Presse den Oberst Oliver North, obwohl er sich auf illegale Aktivitäten eingelassen hatte. Er war attraktiv und machte im Fernsehen eine gute Figur. Außerdem hatte er nichts anderes getan als „Befehlen zu gehorchen." Ebenso gern mochten sie Fawn Hall, seine hübsche Assistentin. Auch sie war sehr telegen und „gehorchte nur Befehlen." Aber sie haßten General Poindexter, North's Vorgesetzten. Er war nicht attraktiv, machte im Fernsehen keine gute Figur und „gehorchte auch nicht nur Befehlen." Trotzdem wurde er gerügt für die Fehler seiner Untergebenen. (Und vielleicht sogar, wer weiß, für die des Präsidenten.) Als er sagte: „Hier wird entschieden", war er damit eher die Ausnahme als die Regel.

Die Regel heißt: „Wo immer möglich, suche einen anderen Schuldigen; falls das nicht klappt, schieb' es Gott in die Schuhe."

„Tut mir leid, Gott hat gerade eine Besprechung."

Christen behaupten, Gott wisse alles, sehe alles und habe Macht über alles. Sie sagen, er könne überall gegenwärtig sein und liebe uns. Warum, um alles in der Welt, *tut* er nichts, um den schlimmen Zustand unserer Welt zu verändern? Auch wenn wir zugeben, daß es der Welt schlecht geht, wollen wir doch wissen, wie Gott denn nun eingreifen wird. Vielleicht ist er ja nicht genau im Bilde oder es ist ihm egal oder er kann tatsächlich nichts tun. Sonst *hätte* er sicher schon etwas *getan*.

Nun, Christen glauben, daß Gott etwas getan *hat*. Lies weiter.

Teil 3

Das Leben und Sterben des Jesus Christus

12

„SUPER, Scott!"

OBWOHL er keine Schuld an der Situation hatte, war es Zeit für Gott, die Initiative zu ergreifen: Er kam, um uns zu retten. Gott entschloß sich, verantwortlich einzugreifen. Um das tun zu können, wurde er Mensch. Die Folge der Sünde ist der Tod. Um diese Konsequenz selbst tragen zu können, war es nötig, daß er Mensch wurde. In Jesus wurde Gott Mensch, um uns rettend zur Seite zu stehen.

„Die Donnervögel sind unterwegs!"

Ich habe immer gern die Fernsehserie *Donnervögel* gesehen, auch wenn die Geschichte eigentlich immer nach dem gleichen Muster ablief. Eine Stadt wurde durch ein Erdbeben verwüstet. Inzwischen wurde ein halbes dutzend Küstendörfer von einer Flutwelle überrollt. Eine fünf Meilen großer Ölfleck zerstört die Tierwelt, als ein Riesentanker aufgrund der Flutwelle sinkt. Dichte Wolken am Himmel machen den Tag zur Nacht. Fernab gelegene Städte werden durch einen Fluß überschwemmt, der über seine Ufer tritt. Auf den Hügeln werden gerade Schafe geboren, als das Erdbeben dazu führt, daß ein Atomkraftwerk ein Leck bekommt. In Bergregionen wüten Waldbrände. Der Nordpol beginnt zu schmelzen. Brains sucht nach seiner Brille und Virgil kann die Schlüssel für Donnervogel 2 nicht finden!

Immerhin gelingt es nach etwa 25 Minuten durch das eine oder andere Wunder die Dinge wieder in den Griff zu kriegen. Die Donnervögel greifen rettend ein. Internationale Rettungsaktion für den Planeten ... wieder einmal!

Frei übersetzt heißt der Name Jesus „Gott greift rettend ein." Die Zeit, als Gott zu unserer Rettung kam, nennen wir Weihnachten.

Weihnachten – der Film

Wir alle kennen die Weihnachtsgeschichte, die Geschichte von der Geburt Jesu. Zumindest meinen wir das. Das Gasthaus, der Stall, die Weisen, das Vieh, die Hirten, der Stern, die Geschenke, die Lieder und irgend etwas Warmes, das tief in unserem Innern glüht. Doch wieviel davon ist wirklich wahr?

Wir wissen, daß Hollywood alles verherrlicht und entstellt. Wenn zum Beispiel Martin Scorcese oder Steven Spielberg 100 Millionen Dollar zur Verfügung hätten, um einen Weihnachtsfilm über dieses Geschehen zu drehen, was würden sie daraus machen?

Zunächst einmal müßte eine breite Rahmenhandlung her, eher wie *Lawrence von Arabien* als wie *Dr. Who*. Dramatische Landschaftsbilder würden von Kameras mit Weichzeichnern eingefangen und ein Dutzend Chöre würde zusammengezogen, um einen John Williams-Soundtrack zu schaffen, der den Oscar gewinnt. Auch kleine Rollen würden mit großen Stars besetzt. Sean Connery wäre der Wirt, Michelle Pfeiffer seine Frau. Jack Nicholson spielte den bösen König Herodes. Charlton Heston, Marlon Brando und Bill Cosby kämen aus ihrem Ruhestand, um die drei Weisen zu spielen. Harrison Ford und Kevin Costner spielten Hirten und Woody Allen ein Schaf.

Der Stall und die Tiere würden für die Aufnahme besonders sorgfältig gesäubert, das Heu hätte einen Geruch von Chanel No 5, und eine Menge Leute mit Kehrschaufeln stünden bereit, damit nur ja keiner in irgendwelchen Unrat tritt. Allein die Aufnahmen mit den Kühen würden eine Woche dauern. Die Krippe, aus antikem Eichenholz von einem Team erfahrener Tischler aus New England gebaut, würde beleuchtet, um die richtige Farbtönung zu unterstreichen.

Eine Disney-Beratergruppe würde dafür sorgen, daß das Ganze eine anheimelnde familiäre Atmosphäre bekommt. *Star Wars*-Regisseur George Lucas würde die Special Effects koordinieren. Die Kleidung der Frauen würde von Bruce Oldfield entworfen werden und die der Männer von Kelvin Klein. Die Aktien für Zahnpasta an der Wall Street würden steigen.

„Kleiner Herr Jesus, nun schlafe ganz still"

Hollywood hat oft genug bewiesen, daß sie Genauigkeit durch Glamour ersetzen. Das Komische daran ist, daß sie die Geburtsszene nicht besser darstellen könnten, als wir sie schon kennen. Wir sind ja bereits der Meinung, daß Jesus mit nur wenigen Wehen geboren wurde und in einer feinen Decke in eine brandneue Mothercare-Krippe gelegt wurde. In unserer Vorstellung lächeln alle Beteiligten: Die Eltern, das Vieh, die Hirten, die Schafe, die Besucher und sogar die Sterne. Jeder summt *Zu Bethlehem geboren* und das Jesuskind gluckst vor Vergnügen.

Doch die Geburt Jesu – Gottes Weihnachtsgeschenk für die Welt – geschah in einer viel rauheren Wirklichkeit. Zum Beispiel mußte Maria eine rund hundert Kilometer lange Reise von Nazareth nach Bethlehem auf dem Rücken eines Maulesels machen, obwohl sie bereits hochschwanger war. Sie und Josef kamen nach Bethlehem, der Stadt von Josefs Vorfahren, um im Rahmen einer nationalen Volkszählung registriert zu werden.

Als sie dort eintrafen, stellten sie fest, daß die Stadt so voll war, daß die „Hotels" keine Zimmer mehr hatten. Josef war so arm, daß er noch nicht einmal das Bestechungsgeld hatte, um seiner schwangeren Verlobten ein Zimmer zu beschaffen, obwohl die Wehen bereits einsetzten. Stattdessen übernachtete das Paar in einem Viehschuppen – in Wirklichkeit so etwas wie eine Höhle – und das erste Bett, in dem Jesus schlief, war ein Futtertrog. Der Geruch des Viehs, die Geburt, die verschwitzten Hirten und der Mist müssen den Aufenthalt auf so engem Raum zu einer Tortur gemacht haben. Das war nicht die gemütliche Szene, die wir uns jedes Jahr neu ins Gedächtnis rufen!

Seltsam aber wahr?

Wie genau kennen wir also die Weihnachtsgeschichte? Wie genau unterscheiden wir die Wahrheit von den verschiedenen Mythen und Geschichten, die sich im Lauf der Jahre bei uns angesammelt haben? Ist dir Folgendes klar?

- Niemand kennt das genaue Datum der Geburt Jesu. Sicher ist nur eins: Es war nicht der 24. Dezember, weil die Schafe immer noch draußen auf den Feldern waren. Wäre es im Dezember geschehen, wären Schafe und Hirten jämmerlich erfroren.

- Erst um das Jahr 336 nach Christus hat man begonnen, Weihnachten zu feiern. Das Fest wurde auf den Dezember gelegt, um mit dem römischen heidnischen Fest der Sonnenwende zusammenzufallen.

- Bei der Geburt Jesu waren nicht „drei Könige“ anwesend. Der biblische Bericht spricht überhaupt nicht von Königen. Wir erfahren nur von einer nicht genauer beschriebenen Zahl ausländischer Akademiker. Nach der Tradition kamen sie auch erst nach der Geburt an – zu einer Zeit also, als die Hirten längst wieder fort waren.

- Diese Wissenschaftler machten einen schrecklichen Fehler. Weil sie einen König erwarteten, zogen sie zuerst zum Palast des Königs Herodes. Unter römischer Oberherrschaft verwaltete Herodes Judäa. Deshalb war er ganz und gar nicht davon begeistert, daß ein neuer König – also ein Rivale – geboren worden sei. Er ordnete kurzerhand den

Tod aller jüdischen Jungen unter 2 Jahren an. Durch einen Traum gewarnt, flohen Josef und seine neue Familie nach Ägypten.

- Die erste Weihnachtskarte wurde 1843 verschickt.
- Weihnachtslieder waren ursprünglich festliche Tanzmelodien des Mittelalters. Unter der Herrschaft der Königin Victoria wurden sie wieder populär und auf den Straßen gesungen.
- Prinz Albert brachte die Tradition des Weihnachtsbaums von Deutschland nach England.
- Weihnachtsgebäck waren ursprünglich Süßigkeiten, die für Kinder verpackt wurden. Die Sitte stammt aus Frankreich und bestimmt heute überall das Weihnachtsfest.
- Erst im letzten Jahrhundert wurde Weihnachten ein richtig großes Fest. Die meisten Traditionen, die uns heute so lieb sind, stammen aus der Zeit von Charles Dickens! Kein Wunder, daß sein Buch *Ein Weihnachtslied* so populär ist.

Die Wahrheit und nichts als die Wahrheit

Macht es dich nicht nachdenklich, wie leicht man den Stock am falschen Ende zu fassen bekommen kann?

Kürzlich mußte ich zu einem wichtigen Geschäftstermin in die City of London. Als ich den beinahe vollen Aufzug betrat, um zum richtigen Stockwerk emporzuschweben, entdeckte ich, daß ich der einzige war, der saloppe Kleidung und keinen

Anzug trug. Gerade als sich die Türen schließen wollten, stürzte noch ein besorgt aussehender Mann herein. Nachdem er mich sorgfältig gemustert hatte, stellte er ziemlich laut fest: „Sie müssen der Ingenieur für den Lift sein!" Weil ich nicht formell gekleidet war, hielt er mich für den Techniker. Weil er nur mein Äußeres begutachtete, schätzte er mich völlig falsch ein.

Genau dasselbe passiert mit Weihnachten. Dahinter steckt mehr als du auf Anhieb erkennen kannst. Doch weil wir uns vom ersten Eindruck haben blenden lassen, haben wir den Stock am falschen Ende erwischt. Wir haben jede Menge Mythen und Traditionen mit dem Weihnachtsfest verbunden, die mit der Bibel oder dem eigentlichen Weihnachtsgeschehen überhaupt nichts zu tun haben.

Wenn uns das schon mit Weihnachten passiert ist, wie sind wir mit dem Rest des Lebens Jesu umgegangen?

13

Der Mann, der Gott war

DIE meisten Menschen stellen sich Jesus vor, wie er in einem farbigen Kirchenfenster dargestellt wird. Bequemerweise schwebt er immer ein paar Zentimeter über dem Boden, ein „Ring des Vertrauens“ schwebt über seinem Kopf wie ein überdimensioniertes Polo-Pfefferminz! Er wird immer schlank, weiß, blond und ein bißchen blaß und käsig dargestellt. Normalerweise schläft ein kleines Tier zu seinen Füßen. Insgesamt sieht er so aus, als habe er keinen einzigen Tag seines Lebens hart gearbeitet. Man hat den Eindruck, daß er in der Schule zu denen gehörte, die immer herumgeschubst wurden.

Als Kind formte sich mein Jesusbild allein aus der unzähligen Zahl der Kirchenfenster, auf denen ich ihn abgebildet sah. Ich gewann die Überzeugung, daß er so etwas wie der Rasenmann eines Cricketclubs war, zumal er immer vor einem perfekt gemähten Rasen stand!

Doch wie beim Weihnachtsfest liegen die Dinge auch hier völlig anders.

Mit beiden Beinen auf der Erde

Die Bibel sagt: obwohl Jesus wahrhaftig und völlig Gott war, wurde er ein *wirklicher* Mensch. Er schwebte nicht über der Erde; stattdessen sah er sich den gleichen Problemen und Widerständen gegenüber wie du und ich. So berichtet das Neue Testament beispielsweise, daß Jesus weint. Er hat Angst. Er ist gestreßt. Er ist zornig. Er ist glücklich. Er erlebt Verzweiflung. Er macht Witze. Mitten in einer Krise fällt ihm nichts Besseres ein als zu schlafen! Und obwohl es nirgends in der Bibel erwähnt ist, können wir davon ausgehen, daß auch er zur Toilette mußte.

Wir schaffen für uns selbst ein Kirchenfensterbild von Jesus und verweisen ihn ins Reich des Peter Pan und der Märchen. Er wandert beinahe übernatürlich umher, ohne echten Kontakt mit der Wirklichkeit. Doch die Wahrheit ist meilenweit von dieser Vorstellung entfernt.

„Wofür hält er sich?"

Jesus wuchs im verachteten Norden des Landes auf. Als Sohn eines Zimmermanns lebte er als einer unter vielen. Sein öffentliches Leben begann erst, als er etwa 30 war. Als er zu predigen anfing, nahmen ihn die Leute seines Dorfes nicht ernst. „Das ist doch der Sohn vom alten Josef, stimmt's?" sagten sie einander. „Wofür hält er sich eigentlich, wenn er uns sagt, seine Mission sei die Rettung der Welt?"

In den 70ern war der Rocksänger John Mellencamp ein aufgeweckter junger Kerl; die Tinte, mit der er seinen ersten Plattenvertrag unterschrieben hatte, trocknete gerade erst. Die Plattenfirma bestand darauf, seinen Namen in *Johnny Cougar* zu ändern: das werde die Umsätze in die Höhe treiben. Die Firma tat alles Mögliche, um ihren neuen Liebling bekannt zu machen. Doch seine kleine Heimatstadt war davon überhaupt nicht beeindruckt. Einer Nachbarin ging der ganze Wirbel so auf den Geist, daß sie ihrem Sohn verbot, ein Johnny Cougar T-Shirt zu kaufen. Er lebte ein paar Häuser weiter in der gleichen Straße. Sie kannte seine Mutter. „Ich gebe doch keine 15 Mark für das Bild vom kleinen Johnny Mellencamp aus!“ sagte sie ihrem Sohn.

Die Leute in der Heimatstadt Jesu verstanden, daß er ein wirklicher Mensch war. Aber sie hatten Probleme mit der Vorstellung, daß er trotzdem anders war. Heute verstehen wir, daß Jesus anders war; aber wir haben Probleme damit, daß er gleichzeitig völlig Mensch war.

„Ich kann allem widerstehen, nur der Versuchung nicht."

Einer der Verfasser des Neuen Testaments bemerkt, daß Jesus „in jeder Weise“ versucht wurde und trotzdem der Versuchung, Böses zu tun widerstand. Uns wird auch berichtet, daß er versucht wurde, seine Beziehung zu Gott für seine persönlichen Interessen einzusetzen und seine Haut zu retten. Das muß ganz besonders attraktiv gewesen sein, als ihn die Römer zum Tode verurteilten. Doch Jesus blieb hart und verweigerte ein Eingehen auf diese Art von Versuchung.

In dem Wirbelsturm von 1988 fielen diesem Sturm in meiner Umgebung eine Menge Bäume zum Opfer, weil sie der Kraft des Windes nicht widerstehen konnten. Trotzdem blieben einige während des ganzen Sturmes stehen. Sie haben diesen Ansturm überstanden, während andere dem Sturm „nachgaben" und umgeblasen wurden. So war es auch bei Jesus. Weil er in der Lage war, die ganze Kraft der Versuchung auszuhalten ohne ihr nachzugeben, können wir nachvollziehen, daß er uns versteht. Wenn du einen Augenblick innehältst und darüber nachdenkst, wird dir klar, daß nur der, der die Versuchung überwindet, ihre volle Kraft zu spüren bekommt. Wer ihr nachgibt, erlebt sie nicht.

Obwohl er also Mensch war wie wir, beschloß Jesus, das Leben auf Gottes Art zu leben und nicht wie er es wollte.

14

Zutreffendes bitte ankreuzen

FRAG' mal die Leute, wer Jesus war. Neun von zehn werden dir so oder so dasselbe sagen: daß er im Grunde ein toller Typ war. Er war lieb, freundlich, ehrlich, sanftmütig, großzügig, zuvorkommend und selbstlos. Ein guter Mensch. Ein guter Lehrer der Moral.

Dennoch, argumentiert der Autor und Akademiker C.S. Lewis, beim Nachdenken über Jesus könne eigentlich niemand zu dem Schluß kommen, er sein ein guter Mensch gewesen. Warum? Weil ein guter Mensch – und ein religiöser noch dazu – niemals den Anspruch erheben würde, Gott zu sein. Genau diesen Anspruch aber erhob Jesus.

Darum ist die Feststellung absolut logisch, daß Jesus entweder viel *mehr* als nur gut war oder erheblich *weniger* gut war als wir meinen.

Die Möglichkeiten

Es gibt in der Tat nur drei mögliche Erklärungen wer Jesus war:

- Er war ein Trickbetrüger, der sich seinen Weg zur Macht und zu bleibender Anerkennung durch Lüge und Betrug gebahnt hat.
- Er hatte eine Karte zu wenig in seinem Spiel oder
- er war genau das, was er zu sein beanspruchte.

Jesus war ein Jude, der den Sabbat brach. Er zettelte einen Aufruhr im Tempel an. Er verurteilte die religiösen Autoritäten seiner Tage als korrupt und scheinheilig. Er sagte von sich, er habe die göttliche Vollmacht, Sünden zu vergeben. Schließlich gab er zu, der einzigartige Sohn Gottes zu sein.

„Hören wir darum auf mit dem gönnerhaften Unsinn, er sei ein großer Lehrer der Menschheit gewesen," folgerte C.S. Lewis. „Diese Möglichkeit hat er uns nicht offen gelassen. Er wollte es auch nicht."

War Jesus nun nicht mehr als ein erfolgreicher Trickbetrüger oder ein irregeleiteter Narr? Oder war er möglicherweise der, für den er sich ausgab?

Kaninchen, Hüte und Fünftausend zum Abendessen

Warum werden Menschen Zauberkünstler? Was motiviert jemand, andere ganz bewußt zu täuschen? Auf diese Frage gibt es nur eine mögliche Antwort: der Profit.

So gelang es vor einigen Jahren einem Franzosen, den Eiffelturm zum Verschrotten zu verkaufen! Er ließ offiziell aussehendes Briefpapier drucken und schrieb verschiedenen Pariser Schrotthändlern. Er informierte sie darüber, daß er von der Pariser Regierung autorisiert sei, das berühmte Bauwerk abzureißen. Jeder der Angeschriebenen wollte das Geschäft machen. Erstaunlicherweise zahlten alle im voraus, nicht ahnend, daß es auch andere Mitbewerber gab. Den Betrug entdeckten sie erst, als sie mit ihrer Abbruchmannschaft anrückten ... alle am gleichen Tag! Zu diesem Zeitpunkt jedoch waren ihr Geld und sein neuer Besitzer bereits auf dem Weg nach Amerika, wo er zweifelsohne versuchte, die Brooklyn Brücke zu verkaufen.

Wenn dies ein gutes Beispiel für einen Trickbetrüger ist, wie kommt Jesus vergleichsweise dabei weg? Nun, jeder stimmt dem zu, daß er freundlich, selbstlos und zuvorkommend war. Er verbrachte sein ganzes Leben damit, es für andere Menschen einzusetzen. Nicht ein einziges Mal hat er um Geld gebeten. Als er schließlich am Kreuz starb, arm und verspottet, war sein wertvollster Besitz sein Gewand – um das schließlich die Soldaten spielten, die ihn gekreuzigt hatten.

Wenn Jesus ein Trickbetrüger war, hat er bemerkenswert wenig Erfolg gehabt. Eigentlich gebührt ihm dafür ein Eintrag im *Guinness Buch der Rekorde* für totale Inkompetenz.

Berühmt wegen fünfzehn Minuten

Wollte er vielleicht nur, daß man sich an ihn erinnert? War das Speisungswunder vielleicht nur ein Publicity Ereignis, um ihm für fünfzehn Minuten Berühmtheit zu verschaffen?

Nun, wenn es ihm um Ruhm ging, dann verhielt er sich sehr seltsam. Er kam aus einer unbedeutenden Stadt in einem unbedeutenden Landstrich und sprach einen unbedeutenden Dialekt. Wäre er vernünftig gewesen, hätte er sich auf den Weg in die großen Städte gemacht. Er hätte einen Publizisten verpflichtet. Er hätte irgend etwas Aufsehen erregendes getan.

Hätte Jesus an Ruhm Interesse gehabt, er wäre nach Rom gegangen, der pulsierenden Hauptstadt des Römischen Reiches. Oder nach Athen, dem kulturellen Zentrum der Welt des Altertums. Doch Jesus blieb da, wo er war. Und wenn er Außergewöhnliches tat, verbot er Leuten sogar noch, darüber zu reden. In der Tat, Jesus wäre ein Alptraum-Kunde einer modernen Werbeagentur. Er hatte kein Interesse an sich selbst. Ein ziemlich verrücktes Verhalten für jemand, der auf der Jagd nach seinen paar Minuten Ruhm war.

Es scheint also unwahrscheinlich, daß Jesus ein Trickbetrüger war. Was konnte er schließlich erreichen?

War er ein Verrückter?

Was nun, wenn er ein Verrückter war? Wenn man genau darüber nachdenkt, ist es schon seltsam, Dinge zu sagen, die Leute zu der Meinung bringen, du seist der einzigartige Sohn Gottes, der Schöpfer alles dessen, was ist und je war.

In einem der großen Londoner Ausbildungskrankenhäuser war ein Patient, der sich wirklich für den allmächtigen Gott hielt. Die Tatsache, daß er sich jeden Augenblick durch die BBC kontrolliert fühlte, sollte von seinem Anspruch nicht ablenken: auch ohne diese zusätzliche Macke glaubte ihm niemand.

Eigentlich ist jeder Anspruch, sich als Gott auszugeben, lächerlich. Menschen, die Menschen folgen, die sich als Gott ausgeben, sind es auch.

Sind nun die Christen ein Haufen Irrer, die Jünger eines Verrückten? War Jesus ein Kandidat für die örtliche Psychiatrie?

Es ist eine Ironie: während einige Jesus für verrückt halten, stufen ihn weitaus mehr Menschen als guten Morallehrer ein. Jesus versetzte die Menschen schon als Junge in Erstaunen über die Tiefe seines Verstandes und seiner Einsicht. Die Evangelien machen deutlich, daß er ein außergewöhnlich intelligenter und weiser Mann war.

Hart am Wind der Wirklichkeit

Doch war Jesus tatsächlich in der Wirklichkeit zu Hause? Alles, was wir über ihn wissen, belegt das.

Er besaß eine schnelle Auffassungsgabe im Blick auf die Probleme, die Menschen hatten. Voller Autorität und Praxisbezug sprach er mit Menschen, denen er soeben erst begegnet war. Er besaß eine instinktive Einsicht. Er sprach in für jedermann verständlichen Geschichten und Bildern. Er war stets gut drauf, wenn es darum ging, mit Menschen zu reden – in welcher Lebenslage sie sich auch befanden.

Alles das belegt, daß er die Wirklichkeit besser im Griff hatte als die meisten Menschen, denen er begegnete. Jesus wird uns in den Evangelien ganz und gar nicht als Wahnsinniger geschildert.

Wenn Jesus nun kein guter Mensch, kein Trickbetrüger und kein Wahnsinniger war, was war er dann? Nun, seine Nachfolger betrachteten ihn als genau das, was er von sich sagte: den Sohn Gottes. Doch für die Leute, die ihn umbrachten, war er ein Sektierer und ein gefährlicher Untergrundkämpfer.

15

Öffentlicher Feind Nummer Eins

Vom ersten Moment seines öffentlichen Auftretens an war Jesus ein umstrittener Mann. Die Leute in seiner Heimatstadt Nazareth hatten sich verschworen, ihn umzubringen, als er dort ankündigte, er sei gekommen, um ihnen Freiheit zu bringen. Er sammelte Menschen um sich, die für die Bürger seiner Zeit einen höchst unpassenden Umgang darstellten. Seine engsten Freunde waren Fischer, Prostituierte, Revolutionäre und Zolleintreiber. Die meiste Zeit seines Lebens verbrachte er mit armen Leuten, Verrätern, Kriminellen und Außenseitern.

- Jesus hatte keine Zeit für die offiziellen religiösen Führer. Er mahnte bei ihnen an, „sie verschlössen die Türen des Himmels vor den Menschen, die hinein wollten."

- Mit religiösen Regeln ging er denkbar freizügig um. Er argumentierte, sie sollten Menschen eine Hilfe und kein Hindernis sein.

- Er wurde nie als Priester ausgebildet und überraschte trotzdem die Menschen mit seiner Erkenntnis und seinen Einsichten.

- Er mißachtete eine akzeptierte Praxis. Er lehrte Menschen, indem er ihnen Geschichten erzählte, während alle anderen Lehrer den Menschen endlose trockene Lehrvorträge hielten, die man wie ein Papagei nachzuplappern hatte.

Man kann sich kaum vorstellen, daß die Botschaft der Liebe solche Widersprüche auslösen konnte. Noch weniger kann man nachvollziehen, daß dies genug war, um Jesus umbringen zu lassen.

Und doch war es so.

Martin Luther King

Die nackte Wahrheit ist, daß Liebe nicht populär ist: nicht *wirkliche* Liebe.

Martin Luther King ist einer von denen, die in meinen Augen Heldenhaftes geleistet haben; zum Teil deswegen, weil er die Unpopularität solcher wahren Liebe demonstrierte. Die ganze Zeit, in der er für die Bürgerrechte schwarzer Männer und Frauen im Süden der USA kämpfte, wurde er vom Rest Amerikas – und der Welt – als echter Amerikaner und herausragender Mensch gepriesen. Sie jubelten ihm zu, als er den Friedensnobelpreis erhielt. Doch als die juristische Schlacht im Süden geschlagen war und er seine Aufmerksamkeit den Ungerechtigkeiten und Ungleichheiten in den Nordstaaten zuwandte, verhöhnten ihn 1965 dieselben, die ihm 1964 noch zugejubelt hatten.

Dieselben Ideen und Überzeugungen, die Martin Luther King darin leiteten, Gewalt in seinem Kampf für die Bürgerrechte abzulehnen, ließen ihn gegen den Vietnam-Krieg opponieren. Dieselbe Empörung, die ihn die Rassenschranken im Süden hatte verurteilen lassen, ließ ihn die finanziellen Schranken im Rest des Landes verurteilen. Er wurde auf einmal von Leuten kritisiert, die ihn noch wenige Jahre zuvor rückhaltlos unterstützt hatten. Sie dachten, jetzt „sei er zu weit gegangen." Dabei hatte sich Martin Luther King in keiner Weise verändert: den Menschen wurde erst jetzt bewußt, wie radikal er immer gewesen war.

So wie es nicht von Anfang an deutlich war, wie gefährlich Martin Luther King war, so war auch nicht von Anfang an deutlich, wie gefährlich Jesus war. Schließlich klingt die Botschaft von Friede und Liebe sehr angenehm, bis du begreifst, daß sie auch auf Gerechtigkeit besteht. Der brasilianische Erzbischof Helder Câmara stellte dies fest, als er sagte: „Wenn ich die Hungrigen speise, nennen sie mich einen Heiligen. Wenn ich frage, warum die Hungrigen nichts zu essen haben, nennen sie mich einen Kommunisten."

Die bitterste Pille

Man könnte es mit einer Medizin vergleichen. Wirkliche Medizin schmeckt meistens fürchterlich. Um den Geschmack zu verbergen und um die Menschen dazu zu bringen, die Medizin einzunehmen, wird sie oft mit einem Zuckerguß versehen.

Die Botschaft Jesu wurde von den Menschen als gut eingeschätzt, solange der Zuckerguß noch dran war; danach war sie nur noch schwer zu schlucken.

1977 wurde Oscar Romero Erzbischof von San Salvador, der Hauptstadt des kleinen mittelamerikanischen Landes El Salvador. Sein Hauptrivale für den Job wurde als zu radikal, als politisch nicht zuverlässig genug eingeschätzt. Romero war ein stiller Mann, ein heiliger Mann, jemand, der keinen Ärger machen würde. Doch dieselben Dinge, die ihn so still und heilig gemacht hatten, ließen Erzbischof Romero die Ungerechtigkeiten bei Namen nennen, die er um sich herum sah. Schnell wurde er aus Überzeugung Kritiker der brutalen Regierung des Landes, ein brennender Verteidiger der Armen, und nach drei Jahren ein Märtyrer. Der Zuckerguß war zu dünn geworden.

Öffentlicher Feind Nummer Eins

Wie gefährlich war nun Jesus?

- *Für die religiösen Autoritäten* war jemand, der die Menschen zum Glauben zurückrief, von Gott gesandt. Solange, bis sie verstanden, daß er sie als Leute empfand, die ihrerseits von wirklichem Glauben ebenso weit entfernt waren wie alle anderen. Außerdem war Jesu Idee, daß man ohne Einbeziehung „offizieller Kanäle“ eine Beziehung mit Gott unterhalten könne, bedrohlich. Jesus lenkte die Aufmerksamkeit auf die Unsicherheit und Heuchelei derer, die sich selbst als Diener der Menschen eingesetzt hatten, aber nun ihre Positionen nur zur Förderung der eigenen Interessen nutzten. Sie wollten ihn lieber tot als lebendig. Und natürlich fanden auch die ehrlichen unter ihnen, die nicht von ihren religiösen Positionen profitierten, daß Jesu Anspruch, der Sohn Gottes zu sein, eine Gotteslästerung war, die nur eins verdiente: den Tod.

- *Für die weltlichen jüdischen Autoritäten* wie König Herodes war Jesus anfänglich ein „geistlicher Führer." Sie hielten ihn nicht für jemanden, der je ihr sorgfältig ausgetüfteltes Arrangement der Machtteilung mit der römischen Armee aus dem Gleichgewicht bringen könnte. (Obwohl Palästina, wo Jesus lebte, zu seiner Zeit eine römische Kolonie war, gab es ein gewisses Maß an Selbstverwaltung.) Aber Jesus war eine charismatische Gestalt mit Einfluß. Seine Fähigkeit, Menschen in großer Zahl zu bewegen und zu inspirieren, überstieg die ihre. Aus ihrer Sicht war er viel zu gefährlich, um ihn am Leben zu lassen.

- *Für die Römer* muß Jesus anfänglich wie ein Wirklichkeit gewordener Traum gewesen sein. Schließlich lautete seine Botschaft an das jüdische Volk: „Liebe deine Feinde." Wer waren diese Feinde? Die Römer! Anstatt ihn aufzuknüpfen, müssen sie daran gedacht haben, ihn auszuzeichnen. Es dauerte eine Weile, bis ihnen bewußt wurde, daß Jesus einen destabilisierenden Einfluß darstellte. Nur allmählich begriffen sie, daß er in der Lage war, ihre sorgfältig und brutal durchgesetzte Balance der Macht zu bedrohen. Er predigte, daß man allein Gott verpflichtet sei. Er leugnete, daß das Römische Reich und sein Kaiser die endgültigen Machthaber seien. Technisch betrachtet reichte das für die Todesstrafe. Doch möglicherweise war es für die Römische

Regierung leichter, darüber hinwegzusehen; man vermied damit unnötige Schwierigkeiten. Jesus brach keine Revolution vom Zaun; das war überhaupt nicht seine Absicht. Dennoch wirkte diese Botschaft von Liebe und Leben in der Römischen Welt wie ein Aufruf zum Umsturz. Das allerdings wurde den Römern erst in den letzten Wochen seines Lebens klar.

Erschießt den Boten!

Jesu offensichtliche Liebe und Echtheit machten ihn populär, und seine Popularität machte ihn gefährlich. Der römische Provinzverwalter Pontius Pilatus erkannte die Gefahr, die in Jesus steckte, konnte ihn aber trotzdem keines Verbrechens für schuldig befinden. Zunächst war ihm Jesus wie ein idealistischer, naiver Träumer vorgekommen. Doch das Verhalten der Menge änderte seine Meinung. In letzter Konsequenz war es die Menge – das Volk – das Jesu Schicksal kontrollierte.

Ein altes Sprichwort sagt, daß Propheten überall geliebt werden, nur nicht zu Hause. Einem Propheten zu nahe zu kommen heißt, selbst genau unter die Lupe genommen zu werden. Die Menge wandte sich gegen Jesus, weil er sie allzu schmerzlich an ihre Versäumnisse erinnerte; sie konnten seine Botschaft so wenig leiden, daß sie sich darauf verständigten, den Boten zu töten.

Kürzlich mußte ich in Glasgow übernachten, weil wir Aufnahmen für ein Fernsehprogramm machten. Mitten in der Nacht um 1.30 Uhr gab es plötzlich Feueralarm. Da ich in einem teuren Hotel untergebracht war, hatte jedes Zimmer seine eigene

Feuerglocke. Mein erster Gedanke war jedoch nicht meine Sicherheit. Stattdessen vergrub ich meinen Kopf im Kissen und fragte mich, wie ich den Alarm abstellen könnte. Ich brauchte meinen „Schönheitsschlaf", weil ich am nächsten Morgen „live" ein Programm zu präsentieren hatte. Ich hatte den Gedanken, eine Socke in die Glocke zu stopfen oder die Drähte durchzuschneiden. Einen Augenblick lang dachte ich sogar daran, der Glocke mit meinen Schuhen zu Leibe zu rücken. Ich brauchte tatsächlich längere Zeit, bis ich begriff, *warum* die Glocke läutete. Als ich schließlich mein Zimmer verließ, um den nächstgelegenen Notausgang zu benutzen, bemerkte ich, daß alle anderen Gäste offensichtlich mit der gleichen fehlenden Dringlichkeit dasselbe taten. Ich vermutete, daß auch sie anfänglich gehofft hatten, durch Manipulation oder Zerstörung der Alarmglocke das Problem zu beseitigen. Unsere instinktive Antwort auf eine unwillkommene Botschaft ist, den Boten zu zerstören.

Die Menge reagierte genauso, nur daß die Alarmglocke, die sie hörte, Jesus war. Sie brachten ihn nicht mit ihren Schuhen zum Schweigen. Sie ließen ihn kreuzigen.

16

Mit Nägeln bezahlt

DIE FOLGE der Sünde ist der Tod. Nirgendwo wird dies klarer und schmerzlicher demonstriert als im Tod Jesu. Es war nicht die eigene Sünde, die Jesus umbrachte: er starb als Folge der Sünde anderer Menschen.

Die römischen Autoritäten richteten Jesus hin nach der Standardmethode für das einfache Volk: Kreuzigung. Die offizielle Begründung war nach dem Evangeliumsautor Lukas Verrat und Steuerhinterziehung.

Jesu Kreuzigung beinhaltete die Demütigung, nackt und öffentlich ausgepeitscht zu werden, bis sein Rücken nur noch rohes Fleisch war. Danach zwang man ihn noch, sein eigenes Kreuz zu tragen – auf einem gerade übel zugerichteten Rücken und unter dem Johlen der Menge am Straßenrand – bis zum Ort der Kreuzigung selbst. Dort wurde er an ein Holzkreuz genagelt und man ließ ihn solange hängen, bis er selbst nicht mehr die Kraft zum Atmen aufbrachte. Der Kreuzestod trat ein aufgrund von Blutverlust und Erstickung. Er war langsam und sehr schmerzhaft.

Dreh dich um

Doch für Jesus war der körperliche Schmerz nichts im Vergleich zum emotionalen Schmerz, den er zu durchleiden hatte. Die Menge, die er geliebt und unterstützt hatte, hatte ihn verworfen. Die Schüler, die drei Jahre lang seine Begleiter gewesen waren, hatten ihn verlassen und geleugnet, ihn zu kennen. Um die Ablehnung vollkommen zu machen, war er auch noch von Gott seinem Vater verlassen worden. Zu einem großen Teil war es dieser emotionale Schmerz, der Jesus tötete. Er hing nur sechs Stunden am Kreuz – eine vergleichsweise kurze Zeit gemessen an anderen Kreuzigungen.

Der Tod des Jesus – der Tod des Sohnes Gottes – zeigt, wie weit Gott zu gehen bereit war, um seine Beziehung mit menschlichen Wesen wieder herzustellen. Er zeigt, daß er bereit war, den ganzen Preis zu bezahlen, den die menschliche Sünde nötig gemacht hatte.

Die Folge der Sünde ist der Tod. In der Kreuzigung nahm Gott diese Folgen auf sich.

„Jemand wie er!"

Man erzählt sich die Geschichte von einem amerikanischen Captain im Vietnam Krieg. Mit seinen Männern mitten im Dschungel ausgesetzt dauerte es nicht lange, bis sie begriffen, daß sie mitten in einen Hinterhalt geraten waren. Er befahl den Rückzug und rief seine Einheit auf einer Lichtung zusammen. Dabei stellte er fest, daß ihm ein Mann fehlte. Sie waren alle schon wieder im Helikopter, als er im Bruchteil einer Sekunde die Entscheidung traf, umzukehren und seinen fehlenden Soldaten auch noch aufzunehmen, der inzwischen auf sie zukroch. Man hatte ihn ins Bein geschossen. Der Captain zog ihn zum Chopper und half ihm an Bord. Doch im letzten Moment, als er selbst mühsam an Bord kletterte, wurde vom Waldrand her das Feuer eröffnet. Es mähte ihn da nieder, wo er stand. Der Helikopter hob ab, und er lag tot auf der Lichtung.

Nach dem Ende des Krieges wollten die Eltern des Captains in Amerika den jungen Mann kennenlernen, dessen Leben auf Kosten ihres einzigen Sohnes gerettet worden war. Als er schließlich mit einstündiger Verspätung in ihrem Haus zu einem Essen auftauchte, schockte und beleidigte er die Eltern des Captain durch seine Grobheit, die jede Dankbarkeit oder Respekt für ihren Sohn vermissen ließ. Als er schließlich ging, fiel die Mutter des Captains zu Boden. Mit gebrochenem Herzen schrie sie zu Gott: „Warum? Warum mußte mein Sohn für einen solchen Menschen sterben? Warum mußte er für jemand sterben, der so grob und egoistisch ist wie dieser Mann?"

Am Kreuz stellte Jesus eine ähnliche Frage: „Warum? Warum hast du mich verlassen, Gott?" Doch schon als er es aussprach, kannte Jesus die Antwort.

17

„Das geht in Ordnung, Sir ..."

KÜRZLICH fand ich in der Post einen Kreditkartenantrag. Ein Angebot vom Feinsten: eine Goldkarte. Und das, obwohl ich seit zehn Jahren keine Kreditkarte mehr besitze. Der Grund ist einfach: Als ich die Karte hatte, gab ich zu viel aus.

Tatsächlich schätzt man, daß Menschen mit einer Kreditkarte etwa 34% mehr ausgeben als die, die keine haben. Mit Plastikgeld fällt das Kaufen so leicht! Was auch immer du willst, du kannst es haben; außerdem mußt du erst am Monatsende oder noch später zahlen. Es klingt wunderbar – zu schön, um wahr zu sein.

Und natürlich *ist* es zu schön, um wahr zu sein. Denn die nachfolgenden Zinsen fressen dich auf. Um alles noch schlimmer zu machen, kaufst du am Schluß per Kreditkarte schon das Nächste, lange bevor du den letzten Einkauf bezahlt hast, was wieder neue Zinsen bedeutet.

Die durchschnittliche Pro-Kopf-Verschuldung liegt in der Bundesrepublik Deutschland bei rund 20.000 DM. Soviel abzuzahlen ist nicht leicht. Doch stell dir vor, du hast einen

Schuldenberg, der nicht nur schwer, sondern überhaupt nicht mehr abzuzahlen ist.

In dieser Situation sind wir Gott gegenüber. Er hat ziemlich genaue Vorstellungen darüber, wie wir unser Leben führen sollen. Stell dir vor, daß jedes Versagen, diesen Vorstellungen zu entsprechen, als deine Schuld aufaddiert wird, wie die Zinsen bei der Kreditkarte. Sogar wenn du 3 Zentimeter über dem Boden gehst, wenn du mit Tieren sprechen kannst und durch die Leuchtkraft deines Heiligenscheins eine kleine Stadt in den Nachtstunden erhellen kannst, schon bald kommt bei dir eine Summe zusammen, die deine Rückzahlfähigkeit weit übersteigt.

Schließlich erhebt sogar Mutter Theresa nicht den Anspruch, von sich aus mit Gott im Reinen zu sein.

Es war einmal ...

Jesus besuchte einmal das Haus eines religiösen Führers, eines Mannes, der sich gewaltig angestrengt hatte, um nicht zu sündigen. Während des Abendessens kam als ungebetener Gast eine Prostituierte herein und begann, die Füße Jesu mit ihren Tränen zu waschen und mit ihren Haaren zu trocknen. Der Gastgeber zeigte seine Mißbilligung! Daraufhin tat Jesus etwas für ihn Natürliches: er erzählte eine Geschichte:

„Da waren zwei Männer," sagte er, „beide hatten Schulden bei einem Geldverleiher. Der eine schuldete ihm den Gegenwert von fünfzig Tageslöhnen und der andere den Gegenwart von 500 Tageslöhnen. Keiner der beiden konnte seine Schulden zurückzahlen. So erließ der Geldverleiher beiden ihre Schuld."

„Was meinst du, welcher der beiden war ihm dankbarer?"

„Ich nehme an, der mit der größeren Schuld," antwortete der Gastgeber. Die Antwort lag ja auf der Hand. „Genau," sagte Jesus. Dann hat es wohl noch ein paar Augenblicke gedauert, bis es der religiöse Führer gerafft hatte, was hier vor sich ging.

Jesus machte damit klar, daß die Prostituierte Gott sicher mehr schuldete als der religiöse Führer, beide jedoch nicht in der Lage waren, diese Schulden Gott gegenüber zu begleichen, so sehr sich der Religiöse auch bemühte. Darum hat Gott beiden die Schuld erlassen.

Uns geht es nicht anders. Wir stehen bei Gott so hoffnungslos in der Kreide, daß wir die Hoffnung aufgeben können, das je zurückzahlen zu können. Weil Gott das weiß, hat er unsere Schulden bei sich gestrichen. Diesen Schuldenerlaß haben wir nicht verdient; eigentlich verdienen wir es, die vollen Konsequenzen für unser Handeln zu tragen. Doch weil er uns liebt – aus keinem anderen Grund – erließ uns Gott die Schuld. Er tat es, indem er Mensch wurde und an einem Kreuz starb, obwohl er selbst unschuldig war.

Man könnte es damit vergleichen, daß jemand kommt und deine Kreditkartenschulden begleicht, wenn du weißt, daß du selbst nie in der Lage sein wirst, das zu tun. Mit seinem Tod am Kreuz hat Jesus genau das getan.

„Ein Ort, den man Hoffnung nennt"

Während einer kürzlichen Reise nach Thailand lernte ich das Regenbogen Haus kennen. In der Kultur der Thais wird Behinderung mißbilligend betrachtet; eine Vielzahl behinderter und verunstalteter Kinder werden von ihren Eltern einfach auf die Treppen der Kinderheime der Regierung gelegt. Die Behinderung kann ein schweres geistiges oder körperliches Handicap oder etwas Leichteres wie eine Hasenscharte sein. Weil es so viele Kinder und so wenig Hilfe gibt, vegetieren sie dahin; oft müssen sich drei oder vier ein Bett teilen, ohne besondere menschliche Zuwendung. Man sagte mir, daß die, die ohne geistige Behinderung gebracht würden, schon bald eine solche bekämen, weil es ihnen an Aufmerksamkeit, Anregung, Liebe und Wärme fehlt.

Das Regenbogen Haus nimmt solche Kinder auf und schenkt ihnen neue Hoffnung. Es ist klein und kann sich immer nur um wenige Kinder zur gleichen Zeit kümmern. Sein Ziel ist es, die am wenigsten geschädigten Kinder zu retten. Man tut dies durch die Zuwendung von Liebe und Fürsorge. Die Kinder werden solange betreut, bis sie adoptionsfähig werden, manchmal von Menschen außerhalb Thailands. Das Regenbogen Haus würde sich gern auch um Kinder unterhalb dieses Standards kümmern, doch ihre Möglichkeiten reichen nicht weiter.

Als ich dort war, wurde mir ein kleines Mädchen vorgestellt, deren einziger Fehler war, ohne Füße geboren zu sein. Wo bei anderen die Füße sind, hatte sie nur Stumpen. Sie war hoch intelligent, warmherzig, freundlich, hübsch und voller Leben. Trotzdem hatten ihre Eltern sie weggeworfen. Nach einer Zeit in einem Regierungszentrum wurde sie von Mitarbeitern des Regenbogen Hauses gerettet als sie noch ein Baby war. Wenn sie Schuhe trug, konnte man nichts von ihrer Körperbehinderung feststellen. Sie konnte sogar schneller laufen als die meisten Menschen *mit* Füßen. Ohne die Hilfe des Regenbogen Hauses wäre sie vermutlich gestorben.

Diese Art eines Neuanfangs schenkt Gott auch uns.

18

Die Wende

Alexander der Große; Julius Caesar; Attila der Hunnenkönig; Heinrich VIII; Napoleon Bonaparte; Winston Churchill; Mahatma Gandhi; John F. Kennedy; Martin Luther King. Was haben sie gemeinsam?

Nun, so oder so waren es große Männer. Und jetzt sind sie ... nun ... tot!

Das Außergewöhnliche ist nun, daß obwohl er vor 2.000 Jahren geboren wurde, Christen behaupte, Jesus sei nicht tot. Im Kern hängt sogar der ganze christliche Glaube an dieser Aussage.

Wenn du wasserdicht nachweisen könntest, daß Jesus *nicht* von den Toten auferstanden ist, dann müßte jede Kirche und Gemeinde schließen. Du wärst der Größte seit zweitausend Jahren!

Schließlich ist Jesus die einflußreichste Person, die je gelebt hat. Unser ganzes Kalendersystem dreht sich um das Jahr seiner Geburt. Hunderttausende von Büchern sind über ihn geschrieben worden. Millionen von Gebäuden sind zu seinen

Ehren errichtet worden. Ein Viertel der Weltbevölkerung betet ihn an. Seine zentrale Bedeutung verdankt er seiner Auferstehung.

Wer rollte den Stein?

Ein ausgebildeter Rechtsanwalt namens Frank Morrison hat die Herausforderung angenommen. Mit einem Bauch voller Wut gegen das Christentum wollte er beweisen, daß es die Auferstehung nicht gegeben habe. Doch je mehr er sich damit befaßte, desto mehr wurde er davon überzeugt, daß die alternativen Erklärungsmodelle einfach keinen Sinn ergaben.

Jesus starb an einem Kreuz. Er wurde vom Kreuz heruntergenommen und in ein Grab gelegt. Die religiösen Autoritäten sorgten für eine militärische Wache vor dem Grab; sie befürchteten, es könne etwas dran sein an den Gerüchten, daß er von den Toten auferstehen werde. Sie fürchteten auch, seine Schüler würden den *Anschein* erwecken, er sei von den Toten auferstanden, indem sie den Leichnam stahlen. Doch als die weiblichen Nachfolger Jesu drei Tage später das Grab besuchten, gab es dort keine römische Wache mehr, die seinen Leib bewachte.

Noch mehr: sie fanden keinen Leichnam. Und der Stein, der das Grab verschlossen hatte, war zur Seite gerollt.

Der Fall des leeren Grabes

Wie sehen die Möglichkeiten aus?

1. *Leichendiebstahl.* Vielleicht denkst du jetzt, daß die religiösen Autoritäten eben doch recht hatten. Vielleicht haben ja die Schüler Jesu im Schutze der Nacht eine konzertierte Aktion durchgeführt; sie haben sich bestmöglich verkleidet, ihre Schwerter genommen und mit dem Mut der Verzweiflung den Leichnam gestohlen.

Doch wie wahrscheinlich ist das? Am Tag seiner Hinrichtung fürchteten die Schüler Jesu um ihr Leben. Petrus hatte es dreimal geleugnet, Jesus überhaupt zu *kennen.* In seinem Bericht der Ereignisse zeichnet der Jünger Johannes kein schmeichelhaftes Bild von sich und seinen Mitjüngern. Die römischen Legionäre, die in Judäa Dienst taten, waren nicht unbedingt eine Elitetruppe, aber sie waren einer Handvoll ängstlicher, reisender Missionare in jedem Fall weit überlegen, zumal auf ihrem möglichen Versagen die Todesstrafe stand!

Die Idee, daß die Jünger einen solchen Zusammenhalt hatten, daß sie den Leichnam stehlen konnten, ist ein wenig weit hergeholt. Wer sonst hätte ein Motiv, die Leiche zu stehlen? Grabräuber? Welches Interesse hätten sie wohl an einem Mann, dessen wertvollster Besitz – ein Obergewand – während er starb, in den Besitz des Staates übergegangen war, und der außerdem so arm war, daß er in ein Leihgrab gelegt wurde! Außerdem stahlen Grabräuber der Zeit vor Dr. Frankenstein keine Leichen: die Wertsachen interessierten sie.

Oder haben vielleicht die religiösen Autoritäten einen Diebstahl veranlaßt, um einem Diebstahl durch die Jünger zuvorzukommen? Nun, warum haben sie dann nicht die Leiche präsentiert, als die Gerüchte von seiner Auferstehung mehr und mehr die Runde machten?

Vielleicht passierte ja so etwas wie in einer Marx Brothers Komödie: jeder landete zufälligerweise bei dem falschen Grab. Vielleicht ließen sie den toten Jesus in einem anderen nahegelegenen Grab und folgten zwischenzeitlich der Spur einer *anderen* vermißten Leiche. Aber ist es wirklich vorstellbar, daß bei dem ganzen Umtrieb von Darstellung und Gegendarstellung niemand auf die Idee kam, das Grab zu checken? Nicht einmal die römische Wache? Wohl kaum! Den Leichnam herzuschaffen muß auf der Tagesordnung der religiösen Führer eine hohe Priorität gehabt haben; schließlich standen sie in der Gefahr, ihren guten Ruf zu verlieren; bei den Römern war es nicht anders, denn sie waren in der Gefahr, ihr Leben zu verlieren.

Da wir keine anderen Kandidaten für einen Leichendiebstahl haben, erscheint dieser also ziemlich unwahrscheinlich.

2. *Überleben der Kreuzigung*. Vielleicht war Jesus ja nur scheintot nach dem allen, und die römischen Soldaten haben es nicht gerafft. Was wäre, wenn aus seinem Rücken Hackfleisch zu machen und ihn als menschliches Transportmittel inmitten einer feindlichen Menge zu benutzen, nicht ausreichte, um die Umgebung auszutricksen? Was wäre, wenn Jesus an einen hölzernen Galgen zu binden, einen gewaltigen Nagel durch jedes seiner Handgelenke zu treiben, nicht ausreichend gewesen wäre, ihn einzuschüchtern? Vielleicht haben ja der Blutverlust, der mit jedem Atemzug zunehmende unerträgliche Schmerz und der Speerstoß in sein Herz, um seinen Tod sicherzustellen, ihn doch nicht völlig fertig gemacht. Und vielleicht, ganz vielleicht, hat er am Kreuz nur das Bewußtsein verloren,

es im Grab wiedererlangt, einen sehr schweren Stein mit einer Hand beiseitegeschoben, die Wachen ohne eigene Waffen überwältigt und ist, bedacht darauf, keine Spuren zu hinterlassen ... entkommen!

Doch, wiederum vielleicht, ist es eben nicht so gewesen.

3. *Entführung durch Außerirdische.* Es ist vermutlich ziemlich sicher anzunehmen, daß weder Außerirdische noch Elvis herniedergestürzt sind, um Jesus' leblose Leiche für einen würdevolleren Abgang andernorts mitzunehmen. Wie man vermutlich mit gleicher Gewißheit davon ausgehen kann, daß Jesus kein Außerirdischer von der Venus war, der sich als Mensch aufführte, um sich dann wie in *Star Trek* auf sein Raumschiff zurückzubeamen.

„Elementar, mein lieber Watson"

Sir Arthur Conan Doyles berühmter Detektive, der große Sherlock Holmes, pflegte zu sagen: „Wenn du in einer Untersuchung das Unmögliche ausgeschlossen hast, muß das Verbleibende die Wahrheit sein, wie unwahrscheinlich sie auch scheint." In Anbetracht der Schwäche der betrachteten Alternativen scheint darum die Auferstehung die wahrscheinlichste Erklärung für den fehlenden Leib zu sein. In der Tat, es scheint die *einzig* mögliche zu sein.

„Mein nächster Trick ..."

Die Verfasser des Neuen Testamentes legen jedoch wenig Wert auf die Frage, wer den Leib entfernt hat. Sie argumentieren überhaupt nicht mit dieser Tatsache. Stattdessen verlassen sie sich auf das Zeugnis von denen, die nach eigenem Bericht Jesus nach seiner Auferstehung gesehen haben. Der Evangeliumsautor Lukas sagt, daß Jesus seinen Jüngern „viele überzeugende Beweise dafür gab, daß er lebe." Er höchstpersönlich erschien den Jüngern. Er erschien den Frauen, die ihn früher begleitet hatten. Und er erschien auch einer größeren Gruppe von Menschen.

Selbstverständlich gibt es keinen absoluten Beweis. Zweitausend Jahre später können wir nicht mehr mit den unmittelbaren Zeugen der Auferstehung Jesu reden. Wir können nicht mehr die Szene des Verbrechens inspizieren, Fingerabdrücke nehmen und durch einen Test laufen lassen. Es gibt auch keine mathematische Formel, nach der bewiesen werden kann, daß Jesus von den Toten auferstanden ist. Du kannst es nicht auf die Formel

$$J+d/mc=2xyz^2$$

bringen und hoffen, daß die Leute gebührend beeindruckt sind. Wie schlüssig die Idee auch sein mag, daß Jesus von den Toten auferstand, von ihrer Wahrheit überzeugt zu sein ist immer noch eine Sache des Glaubens – nicht jedoch blinden Glaubens. Es ist Glaube auf der Basis von Tatsachen, aber trotzdem Glaube.

Auch im Alltagsleben spielt Glaube eine wichtige Rolle. Ich glaube zum Beispiel, daß der Stuhl, auf dem ich sitze, mich tragen wird. Wenn ich mit der Bahn reise, glaube ich, daß mich der Zug an das veröffentlichte Ziel bringt und nicht ans andere Ende des Landes. Wenn ich einen Bus besteige, vertraue ich darauf, daß der Fahrer seine Prüfung bestanden hat und keinen Unfall bauen wird. Ich habe den Glauben, daß niemand in böser Absicht mein Mittagessen vergiftet hat.

So machen wir jeden Tag hunderte von Glaubensschritten. Alle wirklich wichtigen Dinge unseres Lebens sind eine Frage des Glaubens. Ich habe den Glauben, daß meine Frau mich liebt. Meine Kinder glauben, daß ich sie liebe. Das ist kein blinder Glaube, sondern Glaube, der auf beweisbaren Tatsachen beruht. Und trotzdem bleibt es Glaube.

In letzter Konsequenz war es die *Überzeugung* der ersten Jünger, da sie den auferstandenen Jesus von Nazareth gesehen hatten, der *Glaube*, der zur Verbreitung der Christenheit in der alten römischen Welt führte. Tausende und abertausende von Leben wurden verändert. Außerdem hatten die Christen aufgrund ihrer eigenen Erfahrungen eine so starke Überzeugung, daß sie, durch die Berichte von der Auferstehung gestärkt, eher bereit waren zu sterben als ihren Glauben aufzugeben. Und oft taten sie das auch.

Das ist nicht das Ende der Geschichte. Immer wieder sind in den folgenden Jahrhunderten Millionen völlig rationaler und intelligenter Menschen zu dem Schluß gekommen, daß die Auferstehung wahr und wirklich ist. Sie kommen aus allen Stämmen und Nationen der Welt. Und sie waren bereit, ihr Leben hierfür einzusetzen.

Teil vier

Die Wahl

19

Wer ist überhaupt ein Christ?

DIE BEZEICHNUNG „Christ“ bedeutet ganz einfach „kleiner Christus“. Vermutlich war sie anfänglich ein Schimpfwort. Sie ist uns dann aber erhalten geblieben und inzwischen zu dem am häufigsten verwandten Begriff für die Nachfolger Jesu geworden.

Ein Christ ist demnach jemand, der Jesus folgt. Jesus zu folgen aber ist weit mehr als eine Sache des Glaubens an Gott und die Bibel. Als Jesus am Strand des Sees Genezareth seine ersten Jünger fand, forderte er sie nicht auf „Glaubt an Gott!“, vielmehr sagte er: „Folge mir!“

In Umfragen geben die meisten Menschen unseres Landes an, daß sie an Gott glauben. Hier kann man schnell zu der falschen Schlußfolgerung kommen, daß dies dasselbe wie Christsein ist. Wenn du darüber nachdenkst, ist das lächerlich, denn auch die Feinde Jesu glaubten an Gott!

Eine ganze Menge Leute halten sich an einen Teil der Lehre Jesu; das macht sie aber noch lange nicht zu Christen. Selbstverständlich *folgen* Christen der Lehre Jesu; doch zum Christsein gehört wesentlich mehr.

Ein Nachfolger Jesu bin ich auch nicht dadurch, daß ich zur Kirche gehe. Jesus verbrachte die meiste Zeit mit Prostituierten und Kriminellen; dabei hat er sie nie aufgefordert: „Zieh dir das Beste an, was du hast und komm mit mir in die Synagoge. Dann ist alles in Ordnung." Nein, er sagte vielmehr: „Folge mir!"

Obwohl Christen zur Kirche oder in eine Gemeinde *gehen*, wissen wir alle, daß es dort eine ganze Reihe religiöser Menschen gibt, die deswegen noch lange *nicht* Christen sind. Schließlich macht dich der Kirchgang ebensowenig zum Christen wie du durch den Besuch eines Stadions zum Fußballer wirst!

Christ wird man auch nicht dadurch, daß man in einem „christlichen Land" oder in eine „christliche Familie" hineingeboren wird. Christsein ist kein offizieller Status; du bekommst es auch nicht wie einen Virus, wenn du neben jemand stehst, der selbst infiziert ist. Jesus sagte auch nicht zu den Ausländern, Immigranten und Exilanten, denen er begegnete: „Beantragt einen jüdischen Paß. Er ist euer Ticket zum Himmel." Er sagte: „Folge mir!"

„Es ist, als ob man wieder von vorn anfängt"

Was bedeutet es also, Jesus zu folgen? Wer ist ein Christ?

Nun, du kannst kein Marxist oder Verfechter einer politischen Richtung sein, ohne deren Lehren anzunehmen und in die Praxis umzusetzen. Ebenso wenig kannst du Christ sein ohne dein Leben um die Prinzipien herum zu bauen, die Jesus gelehrt hat. Du kannst dich jederzeit als Marxist bezeichnen. Doch wenn du die Prinzipien nicht verstehst, die Marx lehrte und dein Leben darauf baust, täuscht du dich selbst. Die Bezeichnung, die du dir selbst gegeben hast, ist in diesem Fall wertlos.

Natürlich beanspruchen eine Menge Leute, den Lehren Jesu zu folgen. Doch wenn du sie fragst, was das beinhaltet, kommt so etwas heraus wie: „Das hat wohl etwas damit zu tun, daß ich meinen Nächsten liebe und im Streitfall die andere Wange auch hinhalte, nicht wahr?" Jesus lehrte uns, den Nächsten zu lieben und ihm die andere Wange hinzuhalten, doch bereits ein flüchtiger Blick auf seine Lehre zeigt, daß er noch viel mehr drauf hat. Das Herz der Botschaft Jesu ist, wie wir eine beschädigte Beziehung zu Gott und Menschen wieder herstellen können.

Eigentlich geht es um die Chance eines völligen Neuanfangs.

20

Gibt es ein Leben vor dem Tod?

WEIT VERBREITET ist die Meinung, daß Christentum etwas mit dem zu tun hat, was mit den Menschen nach dem Tod passiert. Es hat damit zu tun, ob du für den Rest der Ewigkeit in den „Himmel“ oder die „Hölle“ kommst. Dabei redet das Neue Testament ganz wenig über das Leben nach diesem Leben. Das heißt nicht, daß die Schreiber des Neuen Testaments nicht an ein solches Leben geglaubt hätten; es stand ganz einfach nicht im oberen Teil ihrer Prioritätenliste.

Der Fall des Phantom Busfahrers

Zur Kirche begann ich zu gehen, als ich 14 war, um ein Mädchen namens Mary Hooper zu beeindrucken. Sie ging in die Jugendgruppe der örtlichen Gemeinde, und ich mochte sie; also ging ich mit und blieb. Alle 14 Tage wurde jemand eingeladen, der über sein Hobby oder seinen Beruf sprach. Die Palette reichte vom vereidigten Wirtschaftsprüfer bis zur Lepidopterologie (was ziemlich brutal klang bis ich herausbekam, daß es um das Studium der Schmetterlinge ging). Zwanzig Minuten lang wurden wir jedes Mal auf diese Weise gelangweilt. Dann kam unausweichlich, was immer ihr Thema gewesen war, der gleiche Schluß. Oft benutzen sie sogar die gleichen Worte.

„Wenn du kein Christ bist," sagten sie immer, „und dieses Gebäude verläßt und vom 68er Bus überrollt wirst, wo wirst du dann sein?" Die Antwort war offensichtlich. Ich würde zwischen den Hinterrädern herumgewirbeln! Und doch ergaben sich für mich einige Fragen. Wo ich wohnte, führte keine Buslinie vorbei. Der Weg von der Kirche zu meinem Haus führte mich auch nicht über größere Straßen oder an Bushaltestellen vorbei. Und überhaupt, wie sollte der Fahrer wissen, daß ich kein Christ war?

Vor meinem geistigen Auge entstand ein Bild: Ein Phantom Busfahrer verlor auf den Nebenstraßen von Croydon die Kontrolle über seinen Bus. Er hatte Schaum vor dem Mund und einen verzerrten Gesichtsausdruck. Auf seiner Nase hatte er eine Brille, die mit speziellen Röntgengläsern ausgestattet war, die Christen von Nichtchristen unterscheiden konnte. Er grinste schwachsinnig und boshaft bei dem Gedanken, einen gewissen S. Chalke aus South Norwood endlich überfahren zu können.

Selbstverständlich veranlaßte mich so etwas nicht, Christ zu werden. Aber es half mir, die Verkehrsregeln zu beachten und verursachte ein gewisses Unbehagen gegenüber Bussen.

Das Buchungsbüro ist geöffnet

Es ist ein weit verbreitetes Mißverständnis, daß es beim Christsein darum geht, seinen Platz für die Reise zum Himmel zu buchen. Das Beste kommt also nach dem Tod. Es ist schon gut, sich daran zu erinnern, daß Christen ewiges Leben *haben*, doch müssen wir das im Zusammenhang sehen.

Allzuoft wird Christsein mit einer Versicherung für ewiges Leben gleichgesetzt. Der französische Mathematiker Blaise Pascal beispielsweise nahm an, daß es unmöglich sei, zu *wissen*, ob es Gott gibt oder nicht. Und doch war es unglaublich wichtig, damit Menschen eine Entscheidung treffen können. Also, argumentierte er, ist es am besten, sicherzugehen und an die Existenz Gottes zu glauben. Wenn das der Fall ist, hast du damit auch Gottes Wohlwollen für das nächste Leben. Angenommen, er existiert nicht, was hast du dann durch deinen Glauben verloren? Pascal war der Meinung, daß man sich so am besten absichern kann.

Doch darum geht es eigentlich gar nicht. Die Frage lautet nicht: „Angenommen, du stirbst heute nacht, wo bist du dann?“ Die echte Frage lautet: „Wenn du heute nacht *nicht* stirbst, wo wirst du morgen früh sein?“

Christ werden hat etwas mit den nächsten fünf, zehn oder fünf-zehn Jahren zu tun. Es befaßt sich mit dem, was in deiner Zeit *vor* dem Tod geschieht und mit dem, was mit dir *nach* dem Tod geschieht. Wenn es sich beim Christsein nur darum drehte, wo du das Leben nach dem Tod verbringst, dann wäre es ja das wichtigste Ziel jedes Menschen, das Christwerden so lange wie möglich hinauszuschieben. So könntest du dann ein wildes und unmoralisches Leben führen und den Ausgleich dafür in einer dramatischen Bekehrung auf dem Sterbebett schaffen. Der Trick wäre, den Zeitpunkt zu wissen, wann dieser große Schritt getan werden muß. Du würdest darum spielen, den Kuchen so lange wie möglich zu genießen.

Leib und Seele

Es gibt ein altes Lied aus dem amerikanischen Unabhängigkeitskrieg. Darin heißt es:

John Brown's Leib vermodert im Grabe,
Doch seine Seele marschiert weiter!

Es spiegelt die Meinung vieler wieder, nach der Menschen aus zwei Komponenten bestehen – Leib und Seele – die sich nach dem Tode trennen. Der Leib verrottet im Grab, während die Seele in das Leben nach dem Tod eintritt, wie Patrick Swayze in den Film *Ghost*.

Das ist, als ob die Menschen ihre Zeit damit verbringen, wie Donnervogel 2 (jenes große grüne Raumschiff mit der auswechselbaren Außenhülle) durch ihr Leben zu düsen. Wenn sie dann sterben, werfen sie die äußere Hülle ab und reisen in Donnervogel 4 (dem kleinen gelben Unterseeboot, das in Donnervogel 2 verborgen ist) ins ewige Leben weiter. Donnervogel 2 können wir mit dem Leib vergleichen und Donnervogel 4 mit der Seele.

Eine solche Betrachtungsweise hat mehr von der Philospohie der alten Griechen als aus der Bibel übernommen. Nach der Bibel ist Gott an deinem *ganzen* Leben interessiert. Das wiederum beginnt nicht erst nach dem Tod. Jesus sagte: „Ich bin gekommen, um dir ein spitzenmäßiges Leben zu geben!" Seine Lehre ist eine Goldmine für das Alltagsleben hier und heute.

Halbzeitstand

Ich denke an das Gespräch mit einem Freund auf einer Party. Ich fragte ihn, was er mit dem Rest seines Lebens tun wolle. „Ich weiß nicht," sagte er. Ich machte ihm verschiedene Vorschläge, aber er sagte immer nur: „Ich weiß nicht." Schließlich fragte ich ihn, was das Wichtigste in seinem Leben sei. „Ich weiß nicht," sagte er wieder. „Das Leben hat für mich keinen Sinn. Ich komme mir vor wie einer, der in einer Fußballmannschaft mitspielt. Es ist Halbzeit und ich bin für eine Orange in die Kabine gegangen. Ich bin mir noch nicht einmal sicher, ob ich wieder hinausgehen und die zweite Halbzeit spielen will und wie."

Jesus lehrt uns, wie wir spielen sollten und wie die zweite Halbzeit aussehen soll. Es geht nicht nur darum, was nach dem Spiel sein wird.

Es ist wirklich

Das Leben, das Jesus den Menschen anbietet, hat in erster Linie mit mehr Qualität und erst in zweiter Linie mit mehr Quantität zu tun. Letztes Jahr besuchte ich Madame Tussauds Wachsfigurenkabinett. Ich war beeindruckt davon, wie real einige der Wachsfiguren aussahen. Trotzdem konnte ich immer noch leicht den Unterschied zwischen ihnen und den vielen Touristen feststellen, die versuchten, sich absolut still hinzustellen und für eine Wachsfigur gehalten zu werden.

Der Unterschied zwischen dem „besten“ *Leben*, das Jesus anbietet und der bedeutungslosen *Existenz* meines Freundes bei der Party ist wie der Unterschied zwischen den Wachsarbeiten bei Madame Tussaud und wirklichen Menschen. Oder wie der Unterschied zwischen einer Postkarte, die einen Ort abbildet, und dem Ort selbst. Bevor ich nach New York kam, kannte ich es nur aus Filmen und Fotografien. Ich hatte so viele von ihnen gesehen, daß ich den Eindruck hatte, ich wisse ziemlich genau, was mich erwartete. Doch die Wirklichkeit war ganz anders. Postkarten fangen die Ansicht ein, niemals jedoch die Atmosphäre. Sie können die Wirklichkeit nicht ersetzen.

Im Leben ist es genauso. Wenn du nicht Anteil an dem hast, was Gott darüber sagt, kannst du nur eine Postkartenerfahrung machen. Jesus bestand darauf, daß eine bestimmte Lebensqualität nur erlebt werden kann, wenn du ihm folgst.

Darum ist es so wichtig, eine Entscheidung für Christus zu treffen. Das wird nicht nur dich verändern. Es hat seine Auswirkung auf die Menschen, mit denen du lebst. Denn wirkliches Leben besteht nicht darin, daß du etwas *herausholst*, sondern darin, daß du etwas *investierst*.

21

Zuhause bei denen, die niemand will

ES MUTET seltsam an, daß sich Jesus eine so unpassende Mischung von Leuten ausgesucht hat, die seine engsten Freunde und Nachfolger werden sollten. Offensichtlich hat er dieses wirkliche Leben denen angeboten, die niemand will.

Überwiegend waren es Fischer vom Lande, ein Steuereinnehmer, und ein Revolutionär – eine brisante Mischung. Keiner von ihnen besaß eine formelle religiöse Ausbildung – die einzige Art von Ausbildung, die es seinerzeit gab. Jesus hatte das auch nicht. Keiner von ihnen stammte aus der Priesterkaste, keiner verfügte über Beziehungen zur offiziellen religiösen Hierarchie. Auch Jesus nicht.

Warum hat er sich nicht für die Akademiker seiner Zeit entschieden?

Menschen wie du und ich

Johannes berichtet, daß die Jünger Menschen wie du und ich waren, die ständig ins Fettnäpfchen traten. Jesus setzte viel Zeit, Energie und Geduld ein, bis sie schließlich begriffen, wer er wirklich war. Sie lebten immer nur von der Hand in den Mund und dachten nicht an morgen. Die Festnahme Jesu und sein Prozeß überraschten sie völlig. Gerade als Jesus ihre Unterstützung am meisten brauchte, ließen sie ihn im Stich.

Jesus richtete seine Botschaft an einfache Menschen. Er sprach mit einfachen Leuten. Er kam aus derselben Schicht. Darum macht es Sinn, wenn auch seine Nachfolger im wesentlichen der Mann und die Frau von der Straße waren.

Die Jünger sind für die meisten von uns eine Ermutigung, weil wir uns in ihnen wiedererkennen. Wie die Jünger macht jeder von uns Fehler. Wie die Jünger treten wir in Fettnäpfchen. Doch wie schon bei den Jüngern geschehen, kann Gott auch mit uns besondere Dinge tun. Und wie den Jüngern damals bietet uns Gott heute wirkliches Leben an.

Du mußt nichts Besonderes sein, um dieses Angebot anzunehmen. Du mußt nicht clever sein. Du mußt nicht schön sein. Du brauchst dazu keine Qualifikation, oder einen Job. Du mußt nicht verheiratet oder Single sein. Du mußt nicht charmant sein oder gut. Du mußt nur leben – und bereit sein. Du hast die Wahl.

Wie geht es weiter?

22

Christ werden

IN GEWISSEM Sinne ist es leicht, Christ zu werden, obwohl es ein großer Schritt ist und eine echte Hingabe erfordert. Es geht einfach darum, den Schwerpunkt deines Lebens von dir auf Gott zu verlagern und die Entscheidung zu treffen, nach dem Willen Gottes zu leben.

Doch laß dich warnen: Christ zu werden könnte einige Dinge für dich schwieriger machen als bisher. Wenn du ein *leichtes* Leben willst, werde *nicht* Christ. Doch wenn du ein *lohnendes* Leben willst voller Sinn, dann greif' zu. Wenn du die Welt zum Besseren verändern willst, ist dies der beste Weg dazu.

Wie meistens bei guten Beziehungen, beginnt auch die Nachfolge Jesu mit einem Gespräch. Du brauchst also nur zu beten, wie man das Reden mit Gott nennt. Hierzu brauchst du keine besondere Sprache; du mußt noch nicht einmal laut reden, obwohl das durchaus hilfreich ist.

Sage Gott in deinen eigenen Worten, daß du dich entschlossen hast, das Leben nach seinen Vorstellungen zu leben. Und daß du diese Hingabe ernst meinst. Und daß es dir leid tut, daß du ihn in der Vergangenheit nicht beachtet hast. Und daß du jetzt offen bist für die Leitung durch seinen Heiligen Geist.

Damit hat dein Leben als Christ begonnen!

23

Checkliste für eine gute Gemeinde

EINES DER größten Mißverständnisse wird ausgelöst, wenn das Wort „Kirche“ oder „Gemeinde“ fällt. Die Menschen wissen nicht, was dahinter steht. Viele denken an große alte Gebäude, in denen es kalt ist, in denen das Gemäuer schimmelt und auf denen ein Glockenturm steht.

„Kirche“ oder „Gemeinde“ ist ein Sammelwort. Was kennen wir an Sammelworten? Ein Schaf ist ein Schaf, mehrere Schafe bilden eine Schafherde. Eine Kuh ist eine Kuh, mehrere Kühe bilden eine Kuhherde. Eine Gans ist eine Gans, eine ganze Gruppe durch die Gegend ziehender schnatternder Gänse bezeichnen wir als „Schnatterherde“. So ist es auch mit dem Begriff „Kirche“ oder „Gemeinde“. Ein Christ ist ein Christ, eine Gruppe von Christen aber ist eine „Kirche“ oder „Gemeinde“.

Wenn du also auf der Straße von jemandem angehalten wirst, der dich nach der nächstgelegenen Kirche fragt, kann deine Antwort nicht sein: „Am Ende der Straße links abbiegen. Sie liegt gleich neben der Kneipe.“ Denn „Kirche“ und „Gemeinde“ stehen für die Nachfolger Jesu, wo auch immer sie sich versammeln. Es ist der Sammelbegriff für Christen, die sich am Sonntag im Gottesdienst begegnen und den Rest der Woche damit verbringen, das Leben auf Gottes Art einzuüben.

Das heißt natürlich auch, daß eine Kirche oder Gemeinde immer so langweilig oder aufregend ist wie die Leute, die sich dort treffen. Wenn also die Idee von Kirche bei dir Befürchtungen auslöst oder du plötzlich und unkontrolliert zu gähnen beginnst, hast du bisher nur die falschen Gemeinden kennengelernt. Oder du hast die Dinge zu sehr von der Außenseite beurteilt.

Weltberühmte Doppel-Darsteller

Es ist schwierig und sehr oft auch demoralisierend, Dinge allein zu tun. Uns fehlt dann die Hilfe und die Unterstützung, die wir oft brauchen, um eine Sache gut zu Ende zu bringen. Darum hatte der einsame Ranger Tonto. Laurel hatte Hardy. Spenser hatte Hawk. Ron hatte Nancy. Helmut hatte Loki. Marks hatte Spencer. Tom hatte Jerry. Ike hatte Tina. Die Geschichte beweist: Menschen finden es entmutigend, allein zu arbeiten. Außerdem ist es ineffektiv; in Teams arbeitet es sich leichter.

Doch bei Kirche und Gemeinde geht es um mehr. Hier wird Christen ein Raum geboten, in dem sie sich mit anderen Christen austauschen können. Hier bringen sie ihre Erfahrungen und Glaubensüberzeugungen ein. Hier können sie über ihre Zweifel sprechen. Sie teilen ihre Freuden und ihre Schmerzen, ihre Gebete und ihre Sorgen miteinander. Nicht zuletzt ist die

Gemeinde das Umfeld, in dem Christen die Gelegenheit zu gemeinsamer Anbetung haben. Hier lernen sie Gott besser kennen.

Ich wollte nur ein Bier

Doch da gibt es so viele verschiedene Arten von Landeskirchen, freikirchlichen Gemeinden und Gemeinschaften: Baptististen, Charismatiker, Chrischona, Gemeinde Gottes, Heilsarmee, Katholiken, Lutheraner, Methodisten, Pfingstler, Reformierte, Unierte ... die Liste kann beliebig fortgesetzt werden. Wo geht die Post nun *wirklich* ab?

Nun, bei allen.

Neulich hatte ich eine Geschäftsreise nach New York. Mit einem Freund saß ich in einer Hotelbar; wir orderten ein paar Bier. Es hätte uns klar sein müssen, daß dies im Land der unbegrenzten Möglichkeiten kein guter Zug war.

„Was wünschen Sie?", erkundigte sich der Kellner. „Wir haben Bass Ale, Becks, Budweiser, Carling, Coors, Corona, Fosters, Heineken, Kilian's, Labatts, Löwenbräu, Michelob, Miller Genuine Draft, Old Milwaukee, Sam Adams, Sol ..."

Seine Aufzählung wollte und wollte kein Ende nehmen. Schließlich entschlossen wir uns für das erste, das er genannt hatte und atmeten erleichtert auf. Das Trauma, komplizierte Entscheidungen treffen zu müssen, war durchgestanden. Doch weit gefehlt!

„Möchten sie es in der Dose, in der Flasche oder frisch gezapft? Wenig oder viel Alkohol? Im großen oder im kleinen Glas? Mit oder ohne Eis? Und wie wollen sie bezahlen? Wir nehmen Bargeld, American Express, Diners Club, EuroCard, Visa ..." Wieder kam eine lange Liste. Schließlich gelang es uns trotzdem, eine Bestellung aufzugeben.

Zwei Minuten später kam er schon wieder. „Es tut mir leid, meine Herren, aber die von Ihnen bestellte Sorte ist gerade aus. Bestellen Sie bitte neu!"

Es gibt scheinbar unbegrenzte Variationen der selben Sache, um den kleinen Unterschieden in Geschmack, Stil und Vorliebe gerecht zu werden. Es gibt verschiedene Etiketten mit leicht unterschiedlichen Geschmacksrichtungen, letztlich aber ist es immer ein Bier.

Jeder Topf braucht seinen Deckel

Genauso ist es bei den Denominationen: im Grunde sind sie alle gleich. Weil „Kirche" und „Gemeinde" Sammelbegriffe sind, unterscheiden sich die Denominationen so sehr, wie die Menschen sich unterscheiden, die sich dort sammeln. Die einen lieben moderne Musik, die anderen mögen traditionelle Musik. Die einen kleiden sich gern formell, die anderen eher locker. (Es gibt auch Denominationen, in denen die Pfarrer Kleider tragen, obwohl sie Männer sind!) Die einen bevorzugen eine altmodische Ausdrucksweise (z.B. wie im Luthertext von 1912), die anderen ziehen eine moderne Sprache vor (wie in der „Guten Nachricht"- oder „Hoffnung für alle"-Übersetzung). Die einen lieben es ruhig und meditativ, die anderen laut und überschäumend. In Wahrheit haben sie alle den gleichen Kern, nur in anderer Verpackung. Sie alle sind „Kirche" oder

„Gemeinde“, weil sich dort Christen treffen, die nach Gottes Vorstellungen ihr Leben gestalten wollen.

Vielleicht ist die erste Gemeinde, die du besuchst, nicht gleich nach deinem Geschmack. Gib nicht auf, suche weiter. Wenn du schon Leute kennst, die Christen sind, berate dich mit ihnen.

24

Die Bibel lesen

Als Christ brauchst du eine Kopie der Bibel. Sie ist Gottes Handbuch für dein Leben. Als Christ ohne die Bibel leben zu wollen ist ebenso dämlich wie ein nagelneues Auto zu kaufen und sich zu weigern, das Handbuch überhaupt zur Kenntnis zu nehmen.

Doch seien wir ehrlich. Die meisten Bibeln sind nicht gerade die beste Reklame für den christlichen Glauben. Ich denke dabei an die dicken in Leder gebundenen Bücher, auf deren Rücken in goldenen Lettern steht **Die Heilige Schrift**. Eine solche Ausgabe paßt schlecht zu den anderen Angeboten eines Buchladens mit den jüngsten John Grisham-, Jilly Cooper- oder Danielle Steele-Titeln.

Das liegt nicht am Inhalt der Bibel. Sie ist das tiefgehendste Buch, das je schrieben wurde und hat das Leben Tausender verändert. Es liegt auch nicht daran, daß sie langweilig ist. In ihr liest du über Sex, Gewalt und gemeine, schlüpfrige Sprache; das gibt es nicht nur in den gängigen Kinoangeboten unserer Zeit. Obendrein ist die Bibel immer noch der Weltbestseller

Nummer eins. Den meisten von uns ist irgendwann eine in die Hand gedrückt worden.

Das Problem besteht darin, daß verkauft noch nicht gelesen bedeutet. Die meisten von uns benutzen Bibeln zum Blumenpressen. Sonst stehen sie als Staubfänger im Bücherregal. Titel und Titelbildgestaltung sind auch ein Problem: sie stoßen dich ab, bevor du bei Seite eins angelangt bist.

„Nur die Namen wurden geändert"

Welchen Titel brauchten wir also, damit die Leute voller Erwartung ein solches Buch aus den Regalen nehmen? Wie könnte man die Bibel nennen, damit die Menschen danach greifen und voller Verlangen darin zu lesen beginnen? Was könnte Menschen die Scham nehmen, sie im Zug oder im Bus zu lesen? Schließlich hat sie alle Zutaten, die wir von einer solchen Lektüre erwarten. Die Menschen würden es tun, wenn sie es wüßten. Welcher Titel paßt nun für ein Buch mit diesen Zutaten?

Ich möchte einen vernünftigen Vorschlag machen: Lange Zeit dachte ich, daß ein besserer Titel heißen könnte: ... *Überraschenderweise*! Er signalisiert Begeisterung und Biß. Darüber hinaus gibt es meiner Meinung nach mindestens drei Gründe, warum *Überraschenderweise* ein guter Titel für die Bibel sein kann:

- *Überraschenderweise* vergibt Gott unsere Rebellion und offene Ablehnung seiner selbst und bietet uns neues Leben an. Warum hat er nicht den Planeten Erde als Fehler abgeschrieben? Warum hat er ihn nicht verschrottet und irgendwo anders mit einem neuen Projekt begonnen? Und warum ging Gott den langen Weg der Vergebung, indem er selbst Mensch wurde? Das war nicht zu erwarten.

- Das allein würde ausreichen, *Überraschenderweise* zu einem großartigen Titel zu machen. Das uns so geschenkte Leben wäre ein gutes Geschäft, über das sich keiner beklagen könnte. Aber es geht ja noch weiter. Gottes Vergebung ist nur die halbe Geschichte, denn *Überraschenderweise* hat sich Gott dazu entschlossen, mit uns als Partnern zu arbeiten. Die Bibel ist wie ein Katalog ganz gewöhnlicher Männer und Frauen, mit denen Gott Außergewöhnliches getan hat, weil sie bereit waren, ihm zu vertrauen und ihm ihr Leben auszuliefern.

- Darüber hinaus ist *Überraschenderweise* die Bibel die Geschichte davon, wie Gott den Menschen, die auf seine Weise leben wollen, alles schenkt, was sie hierzu brauchen. Christen sprechen immer von Gott dem Vater, Gott dem Sohn und Gott dem Heiligen Geist. Über Gott den Vater und Jesus – Gott den Sohn – haben wir gesprochen. Gott den Heiligen Geist haben wir bisher noch nicht richtig gewürdigt. Im wesentlichen ist es die Aufgabe des Heiligen Geistes, uns zu helfen, nach Gottes Vorstellungen zu leben. Der Heilige Geist hilft uns, so zu werden, wie uns Gott haben will und wie *wir* gern sein wollen. Der Heilige Geist ist das Kraftpaket, mit dem Christen für ihr Alltagsleben ausgerüstet werden. Ohne den Heiligen Geist wären wir so lächerlich wie eine moderne Armee, die nur mit Erbsenschlingen bewaffnet in den Kampf zieht. Die Bibel ist voller Geschichten darüber, wie der Heilige Geist Menschen ausrüstete und ausrüstet, das Leben zu führen, das uns Gott anbietet.

Fang mit dem Schluß an

Ursprünglich war die Bibel im alten Griechisch und Hebräisch geschrieben. Wenn du also diese beiden Sprachen nicht fließend sprichst, brauchst du eine Übersetzung. Eine ganze Reihe von Übersetzungen steht zur Verfügung, obwohl die Unterschiede zwischen ihnen eigentlich klein sind. Das Wichtigste ist, daß du eine findest, mit deren Sprache und Ausdrucksweise du zurechtkommst. Wenn du Menschen kennst, die Christen sind, werden sie dich gern dabei beraten.

Im Gegensatz zu allen anderen Büchern ist es vermutlich am besten, *nicht* am Anfang anzufangen. Stattdessen lies zuerst eines der Evangelien. Das sind die Teile der Bibel, die die Geschichte von Jesus erzählen. Vielleicht fängst du am besten mit den Büchern des Markus oder Lukas an. Du findest sie im Neuen Testament, ziemlich hinten in der Bibel.

Es ist wichtig, daß du über das nachdenkst, was du liest. Qualität ist hier wichtiger als Quantität. Die meisten Christen brauchen mehrere Jahre, um die Bibel von vorn bis hinten einmal durchzulesen; darum laß dich von ihrer Länge und Komplexität nicht abschrecken.

25

Beten

IN EINEM alten Burt Reynolds-Film befindet er sich in einer Szene auf dem offenen Meer. Überzeugt davon, daß er es nicht schaffen wird, zur Küste zurückzuschwimmen, tut er etwas, das er dreißig Jahre nicht mehr getan hat: er betet. „Oh Gott," sagt er, als er noch ziemlich weit draußen ist, „ich schwöre dir, wenn du mich lebend aus dieser Situation herausbringst, gebe ich dir alles, was ich besitze!"

Als er der Küste näher kommt, ändert er seine Position. „Oh Gott," betet er, „wenn du mich lebend aus dieser Situation herausbringst, gebe ich dir die Hälfte von allem, was ich besitze!" Allmählich, je näher er dem Land kommt, verringert sich seine Notlage. Das spiegelt sich in seinem Angebot an Gott wieder. Als er lebendig gelandet ist und wieder festen Grund unter den Füßen hat, hat er Gott auf Null „heruntergehandelt".

Nur in Zeiten der Krise

Beim Christsein geht es vor allem um eine Beziehung zu Gott und seinem Sohn Jesus Christus. Wie jeder gute Eheberater dir bestätigen wird, ist Kommunikation für den Bestand jeder Beziehung lebenswichtig. Gebet ist diese Kommunikation zwischen den Menschen und Gott: du sprichst mit Gott und du hörst auf ihn. Darum ist es einfach dumm, sich das Gebet nur für Krisenzeiten aufzusparen.

Es ist auch dumm, guten Rat und Begleitung abzulehnen, wenn sie kostenfrei angeboten werden. Außerdem ist es grobschlächtig, nur dann mit Gott zu reden, wenn du etwas von ihm willst. So wird dann aus einer Beziehung ein geschäftliches Arrangement, das wiederum widerspricht allem, wofür Christsein steht. Also bete regelmäßig, denn wie schwer es auch manchmal fällt, es ist die Versorgungslinie derer, die glauben.

26

Das Abenteuer geht weiter

EIN ENGLISCHER Geschäftsmann saß beinahe allein in seinem Zugabteil. Als der Zug gerade die Station verließ, kamen zwei junge Amerikaner herein und nahmen die Plätze ihm gegenüber ein. Leise redeten sie miteinander. Der Geschäftsmann, der die Landschaft angeschaut und den Sonnenschein genossen hatte, wollte nicht angesprochen werden und verbarg sich hinter seiner Zeitung.

Plötzlich und ohne Vorwarnung begann einer der beiden Amerikaner zu zittern und rutschte von seinem Sitz herunter. Sein Freund ließ sich durch diesen epileptischen Anfall nicht aus der Ruhe bringen. Er lockerte seinem Freund die Kleidung und machte es ihm so bequem wie möglich. Seine ganze Art zeigte, daß er dies offensichtlich schon oft getan hatte. Er blickte auf und bemerkte, daß der Geschäftsmann besorgt war.

„Machen Sie sich keine Gedanken, das geschieht öfters. Nach ein paar Minuten wird er wieder in Ordnung sein“

„Kann ich irgend etwas tun?“ erkundigte sich der Geschäftsmann.

„Nein. Er kommt wieder in Ordnung. Wir müssen nur ein wenig warten.“

Während sie miteinander sprachen, berichtete der Amerikaner, daß er seinen Freund überall hin begleitete, damit es ihm gut gehe. Um das tun zu können, hatte er vor ein paar Jahren seinen Job aufgegeben. Der Geschäftsmann war tief beeindruckt von dieser Hingabe und Opferbereitschaft und drückte das auch aus.

„Sie verstehen das nicht,“ erwiderte der Amerikaner, „Wir haben zusammen in Vietnam gekämpft. Dabei hat er mir das Leben gerettet. Ohne ihn wäre ich nicht mehr am Leben. Schauen Sie, diesem Mann verdanke ich alles. Alles was ich habe, alles was ich bin und alles was ich je sein werde wird nicht ausreichen, um meinen Dank angemessen auszudrücken.“

Wenn Jesus den extrem langen Weg ans Kreuz ging, um dort zu sterben, damit wir wirkliches Leben haben, dann verdanken wir ihm alles. Alles, was wir haben; alles, was wir sind und alles, was wir jemals sein werden.

Das ist der Hauptgrund, warum ich Christ wurde. Darum bin ich auch heute rund fünfundzwanzig Jahre später Christ. Darum werde ich auch in fünfundzwanzig Jahren noch Christ sein.

27

Wie es weitergeht

Zwei Titel, die dasselbe Thema haben wie dieses Buch:

- Michael Green, *Einer liebt Dich!*, Warum gerade Jesus? Hänssler
- Anton Schulte, *Christsein – die große Chance*. Bibel-Shop

Drei Titel, die weitere Denkanstöße liefern:

- C.S. Lewis, *Pardon, ich bin Christ.* Meine Argumente für den Glauben; Brunnen, Gießen
- Werner Gitt, *... und die anderen Religionen?* CLV
- Steve Kumar, *Christentum für Skeptiker*. Stephanus Edition

Drei Titel für die, die gerade Christen geworden sind:

- Selwyn Hughes, *JEDER TAG MIT JESUS*, Erste Glaubensschritte. CWR/Hänssler
- Klaus-Jürgen Diehl (Hrsg.), *Die ersten 100 Tage mit der Bibel*. Aussaat/EJM
- Wolfgang Steinseifer, *Begegnung mit Gott.* Einstieg ins Bibellesen, 3 Bände, Hänssler/BLB

Ernst und Margarete Lerle
Leben und Lehre Jesu
TB, 240 Seiten
sFr 17.60, öS 118
DM 16,80 / 841361

Ein Buch für alle, die wissen wollen, was Jesus tatsächlich gelehrt und getan hat.
Inhalt: Der Anfang, Die Bergpredigt, Jesus als Lehrer, Zeichen und Wunder, Der Messias, Nachfolge Jesu, Die letzten Tage, Leidensgeschichte Jesu, Der Auferstandene, Apostolisches Zeitalter.

Steve Kumar
Christentum für Skeptiker
TB, 192 Seiten
sFr 18.80, öS 125
DM 17,80 / 841317

Dr. Steve Kumar gibt Antworten auf Fragen. Z.B. Existiert Gott? Wenn es einen Gott gibt, warum dann das Böse? Was ist mit den anderen Religionen? Mit messerscharfer Logik gewinnt er die größten Skeptiker für den christlichen Glauben.

Schirasi, Ali
Lebt wohl, Freunde
TB, 144 Seiten
sFr 13.60, öS 90
DM 12,80 / 841359

Die Islamische Republik hat die Menschen so eingeengt, daß sie ersticken. Jeder soll eine Gebetsmaschine werden. Tausende, die nach Freiheit rufen, werden gefoltert und hingerichtet. Eine Muslim Reportage über das berüchtigste Gefängnis im Iran.

Hans Martin Braun
Flug über die Grenze

TB, 143 Seiten
sFr 10.80, öS 70
DM 9,80 / 841692

Durch diese spannende Geschichte, lernt man die Machenschaften des KGB kennen, sowie die Untergrundkirche und deren Verbindungen zu Gläubigen im Westen.